Diogenes Taschenbuch 24722

W0084960

Inhalt

Das Enkelkind als Säugling

Das erste Lebensjahr des Enkelkindes ist die Hoch-Zeit des Großelterntums, zumindest beim ersten Enkelkind. Man darf das Kind genießen, uneingeschränkt und in vollen Zügen, ohne Verantwortung übernehmen zu müssen, wenigstens solange die Tochter oder Schwiegertochter noch den Mutterschutz, das Babyhalbjahr oder das Babyjahr in Anspruch nimmt oder den Beruf aufgegeben hat, d. h. selbst Zeit für das Kind hat und wenn sie das Kind noch stillt.

Wenn man selbst zu Besuch ist oder die Kinder mit dem Enkel zu Besuch kommen und das Baby nachts weint, so braucht das die Großmutter gar nicht zu kümmern, sie könnte ruhig weiterschlafen. Tatsächlich ist sie aber hellwach. Im Übrigen kommt es gar nicht dazu, dass das Kind weint, auch am Tage nicht, denn kaum verzieht es das kleine Gesichtchen zum Weinen, bekommt es mit dem Busen der Mutter im echten Sinne des Wortes das Maul gestopft, es wird – wortwörtlich – gestillt, und zwar wo man steht und geht, zu jeder Tages- und Nachtzeit, daheim, in der Straßenbahn, im Kino, auf der Demo, bei der Party oder wo auch immer. Das Kind darf einfach nicht weinen.

Da hat sich manches geändert. Die Großeltern erinnern sich noch mit Schaudern daran, wie sie, autoritär unterwiesen von unerbittlichen Ratgeberbüchern, sich streng an die Stillzeiten halten mussten und den brüllenden Säugling vergeblich in den Armen hielten, bis dass die Zeit erfüllet war. »Sonst lernt es nie eine Ordnung«, hieß es oder »Man muss beizeiten dafür sorgen, dass es sich an Regeln gewöhnt« und »Das Schreien kräftigt die Lungen« und was alles sonst noch.

Man hat es geglaubt, ja es war wissenschaftlich bewiesen, ebenso wie heute die ständige Stillbereitschaft. Es ist schon hart für manche Großeltern, jetzt zu erfahren, dass ihre ganze Mühe um Zeit, Regeln und Ordnung unnötig und müßig war. Allerdings hatte man – mit gutem Gewissen, denn es war ja wissenschaftlich bewiesen – etwas mehr Zeit für sich selber.

Es hat sich vieles geändert. Die Eltern nehmen ihr Neugeborenes ungeniert mit ins Ehebett, um beim ersten nächtlichen Ton sofort stillfähig zu sein, und tatsächlich schlafen sie ruhiger und länger als die Großeltern als Eltern vor vierzig Jahren, zunächst wenigstens noch.

Die Säuglinge bleiben bei den Eltern, nicht nur bei Nacht, auch bei Tag. Und die Eltern lassen sich wegen ihres Neugeborenen von nichts abhalten, was ihnen wichtig ist. Allein wichtig für sie ist die körperliche Nähe des Kindes. Deswegen ist das Tragetuch, traditionell üblich in vielen Kulturen, wiederentdeckt worden, und das Kind kann überallhin mitgenommen werden, zum Einkaufen in der Stadt, zum abendlichen Zusammensein mit Freunden, in die Vorlesung, zur Demonstration und zum Kirchentag.

Selbstverständlich trägt auch der Vater das Kind vor der Brust. Man merkt ihm an, dass er eigentlich sein Kind gerne stillen würde, wenn er nur könnte.

Es hat sich noch mehr verändert: sorgfältige Überlegungen über die Zufütterung, über die Herstellung von Zweidrittel-Milch und Gelbe-Rüben-Brei sind unnötig geworden. Es gibt alles fertig zubereitet abgefüllt, und daheim häufen sich die neuen Einweggläser mit Babynahrung, in einer Vielfalt angeboten, die der Speisekarte eines Michelin-Stern-Restaurants alle Ehre machen würde.

Auch Windelwaschen am Spülstein, früher ein Inbegriff von Mütterlichkeit, ist out. Entweder gibt es eine vollautomatische Waschmaschine mit Trockenapparat oder – wenn genug Geld da ist – gibt es überhaupt nur Papierwindeln, deren Vorzüge und Güte, die absolute Notwendigkeit ihrer Verwendung in den Medien so deutlich gemacht wird, dass man in die Nähe der Kindesmisshandlung gerät, würde man sie den Babys vorenthalten. Man bräuchte sich nicht zu wundern, wenn das unschuldige Kind deswegen später zum Kriminellen würde.

Jedenfalls, es hat sich nach der Geburt des Enkelkindes viel geändert, und die Großmütter, die sich jetzt ob ihrer Erfahrungen und Kompetenz, aber auch ob ihrer übrigen Zeit und Kraft, besonders auf den Plan gerufen fühlen – die Großväter stehen noch immer, durch ihre frühere Rollenfixierung festgelegt, unnütz am Rande und dürfen allenfalls die Ausfahrwagen beim gemeinsamen Spaziergang schieben –, die Großmütter können aber natürlich diese neumodischen Sitten nicht alle gutheißen. Kein Wunder, dass es sie drängt, mit Rat und Tat einzugreifen und zu helfen, verhängnisvolle Fehler der unerfahrenen jungen Frau zu korrigieren.

Greifen Sie, liebe Großmutter, lieber nicht ein, weder

mit Tat und schon gar nicht mit Rat, es sei denn, Sie werden ausdrücklich darum gebeten. Die jungen Mütter wollen und müssen ihren Weg selber finden. Vielleicht hilft es, sich an die Zeit zurückzuerinnern, als man selbst junge Mutter war und eine allzu wohlmeinende Schwiegermutter hatte.

Es gibt einen Brief aus dem alten Griechenland, den Plutarch an ein junges Ehepaar geschrieben hat. Darin schreibt er, dass eine jungverheiratete Frau ihre Schwiegermutter um einen Topf bitten soll und diese ihn dann verweigern müsse. Damit war deutlich gemacht, dass die jungen Leute für sich selbst sorgen sollen. Das wusste man damals schon. Aber man braucht es ja auch nicht allzu wörtlich zu nehmen, wenn die Tochter oder Schwiegertochter ausdrücklich bittet.

Ernst Kretschmer, ein berühmter schwäbischer Psychiater, pflegte die Aufgabe der Schwiegermutter so zu definieren: »Kittele stricken und Maul halten.« Auf Hochdeutsch übersetzte er dann: »Tätige Hilfe, aber keine unerbetenen Ratschläge.« Auch die tätige Hilfe ist mit Vorsicht zu bewerten. Die »Kittele«, also Jäckchen, Pullover, Strumpfhosen, die da gestrickt werden, könnten ja dem modernen Geschmack der jungen Leute widersprechen. Und trotzdem sollten sie noch dafür dankbar sein.

Das Schweigen, das Keinen-Rat-Geben, kann manchmal sehr schwerfallen. Trotzdem. Das Kind leidet nicht darunter. Vergleicht man die seit Jahrtausenden wechselnden Sitten und Moden der Säuglingspflege, so sind die, welche der aktuellen Gesundheit des Kindes schaden, schon längst abgeschafft. Was als Mode übrigbleibt, ist für das Kind unwichtig, so unwichtig wie die Farbe seines Jäckchens, ob rosa, blau oder weiß. Ob Zweidrittel-Milch oder Fertignahrung, ob Stoffwindel, Schafwollwindel oder Supersaugpapierwindel, ob es bei der Mutter, ob im eigenen Korbwagen, ob acht Stunden lang oder nur sieben Stunden lang am Tage schläft, ist für seine Zukunft, seinen Charakter, sein Schicksal völlig egal.

Darüber lohnt sich kein Streit zwischen den Generationen.

Der Autor hat den vorliegenden Text in den achtziger Jahren des letzten Jahrhunderts verfasst – vor vierzig Jahren. Die Erziehung seiner eigenen Kinder ist siebzig Jahre her. Vieles hat sich seither verändert. Sicher würde er heute andere Beispiele wählen. Die Grundaussagen haben allerdings ihre Aktualität durchaus behalten.

INGRID NOLL
Liebe auf den ersten Schrei

Gibt es eigentlich vollkommen selbstlose Liebe, die keiner Erwiderung bedarf? Wenn wir uns mit Hingabe unseren Herzallerliebsten zuwenden, wollen wir möglichst viel zurückbekommen, sonst werden warme Gefühle irgendwann erkalten. Freundschaften, Ehen, Partnerschaften, Familien basieren auf einem unausgesprochenen Deal: Gib und dir wird gegeben. Ausnahmen sind wohl jene besonders idealistisch oder gläubig veranlagten Menschen, die aus altruistischen Gründen jede Kreatur ins Herz schließen und nicht nach einer Gegenleistung streben – aber sicherlich lassen sie sich auch ein geheimes Hintertürchen offen. Zu dieser karitativen Gruppe möchte ich mich nicht zählen, und doch gibt es auch für mich eine große Liebe, die ich für nahezu uneigennützig halte.

Schon lange hatten seine Eltern auf das ersehnte Kind warten müssen. Und auch wir Großeltern hofften, zitterten und bangten mit unserer Tochter. Nach neun Monaten saßen wir wie auf glühenden Kohlen, ständig auf der Lauer nach einem Anruf. Irgendwann klingelte tatsächlich das Telefon, ich nahm ab und hörte nichts als kräftiges Gebrüll. Man hatte dem neuen Erdenbürger direkt nach der Entbindung ein Handy vorgehalten. Dieser erste Schrei löste etwas aus, das sich nur schwer in Worte fassen lässt – war es ein animalischer Beschützerinstinkt oder eine postklimakterische Ausschüttung des Bindungshormons Oxytocin oder am Ende gar Liebe? Nicht auf den ersten Blick, sondern auf den ersten Schrei? Auch bei der Geburt unserer anderen Enkel wurden wir sofort informiert, aber stets durch die begeisterten Eltern und nicht durch die Protagonisten persönlich.

Um das Enkelkind kennenzulernen, setzte ich mich schleunigst in den Zug und fuhr nach Berlin. An die Reise, die Fahrt mit dem Taxi und die Ankunft kann ich mich nicht erinnern, nur an das überwältigende Glücksgefühl, als ich das Neugeborene im Arm hielt. Wir wärmten uns gegenseitig, und ich erkannte voller Stolz, dass es ohne mich diesen kleinen Menschen niemals gegeben hätte. Wir Großeltern freuten uns sehr, als unsere Tochter nach zwei Jahren mitsamt ihrem kleinen Sohn zurück in die alte Heimat zog.

Auch andere Großmütter haben das Vergnügen, schon in aller Frühe von der berufstätigen Tochter angerufen zu werden: »Ich bringe dir gleich ein kotzendes Kind!« Dann vergeht der Vormittag mit Enkel und Eimer und stundenlangem Vorlesen. Tucholsky sagte: *Liebe ist, wenn sie dir die Krümel aus dem Bett macht.* Liebe ist natürlich auch, wenn man ohne einen Laut des Ekels den Eimer leert, stillschweigend Chaos beseitigt, lächelnd über Legosteine stolpert, verschütteten Apfelsaft aufwischt, zerbrochene Gegenstände hinter dem Rücken des Opas entsorgt, Fahrdienste leistet und dabei niemals flucht. Wenn man ohne mit der Wimper zu zucken das Sofa neu beziehen lässt, weil es als Trampolin diente. Wenn man sich auch noch freut, zur Weihnachtszeit im Theater zu sitzen, um mit lauter Zwergen das tapfere Schneiderlein zu bewundern oder um mit fremden Eltern, Tanten und Omas auf unbequemen Stühlchen zu hocken und bei der Einschulung des Enkels eine Träne abzuwischen. Wenn es kein Erwachsener sieht, lässt man sogar hässliche Plastikfigürchen über den Teppich hoppeln und behauptet abwechselnd mit dem infantilen Spielpartner: *Aber meiner täte jetzt sagen …*

Unvergesslich bleibt mir eine kleine Reise ins Engadin – gemeinsam mit dem neunjährigen Enkelkind. Beim Abendessen im Hotel bekommt nach und nach fast jeder Gast sowie die Kellner und Kellnerinnen einen appetitanregenden Witz zu hören. *Kannibalensohn mault: Mama, ich mag meinen Lehrer nicht! Kannibalenmutter befiehlt in strengem Ton: Es wird gegessen, was auf den Tisch kommt!* Die meisten im Restaurant müssen lachen, aber ein älterer Herr starrt etwas befremdet auf die eigene Fleischportion und dann auf den kleinen Kerl, der von seinem Erfolg als Entertainer so hingerissen ist.

Höhepunkt und Abschluss der Reise soll eine gemütliche Kutschfahrt durchs autofreie Fextal werden. Ich bin begeistert vom Alpenpanorama mit den Schneebergen im Hintergrund und will meinen Enkel dauernd auf die Schönheiten der Natur aufmerksam machen: auf grasende Kühe, Lamas, unsere braunen Freibergerpferde und das fröhliche Gebimmel der Glöckchen. Anscheinend kann ich meinen Enthusiasmus nicht mit ihm teilen.

»Oma, soll ich mal eine Geschichte erfinden?« – »Besser heute Abend, dann erzählen wir uns beide etwas Schönes vor dem Einschlafen. Jetzt wollen wir doch die Kutschfahrt genießen!« Aber er legt trotzdem los. Kapitel eins: Die Abenteuer der drei Chimären. Jede dieser Kreaturen besteht wiederum aus drei anderen Tieren, zum Beispiel Chamäleon, Löwe und Kolibri. Und da es sich um außerordentlich seltene Exemplare handelt, werden die Fabelwesen zu Forschungszwecken gefangen gehalten.

»Schätzchen, sieh mal, ein Wasserfall!« – Nur ein kurzer Blick. »Oma, jetzt wird es richtig spannend. Das Gehege der Versuchsanstalt ist zwar echt cool, also total modern, aber die Wärter sind so was von gemein!« – »Hast du gerade gehört, unsere Rösslein schnauben! Ob sie es wohl aus purer Lebensfreude tun?« – »Das machen doch alle Pferde. Oma, hörst du mir überhaupt zu? Die dritte Chimäre besteht aus Waschbär, Ente und Marienkäfer und kann deswegen laufen, klettern, schwimmen und fliegen …«

Es muss wohl Liebe sein, dass ich zwar seufze, ihn aber nicht mehr unterbreche, obwohl ich eigentlich den Zauber dieser Landschaft einatmen möchte. Mein kleiner Junge ist nicht mehr zu bremsen und berieselt mich ununterbrochen wie der plätschernde Bach, der uns so munter begleitet. Bei der Ankunft im Hotel geht es gleich weiter. Erst der Kannibalenwitz für den Portier, dann Kapitel zwei für die müde Oma: die Flucht der drei Chimären. Und ich sage immer noch nicht: »Halt endlich mal die Klappe!«

Gelegentlich gibt es jedoch Fragen, die mir zu denken geben. Als Vierjähriger wollte der Enkel bereits wissen: »Oma, wenn du dich totgelebt hast, kriege ich dann deine silberne Taschenlampe?«

Im Gegensatz zu den habgierigen Enkelkindern handeln

wir Großeltern ziemlich uneigennützig, sind aber doch etwas erleichtert, wenn die Kleinen wieder abgeholt werden. Allerdings ertappe ich mich gelegentlich bei dem Gedanken: Wenn er ein paar Jahre älter ist, könnte er vielleicht den Rasen mähen. Und in acht Jahren macht er den Führerschein und wird dann bestimmt mal tanken und meinen Wagen durch die Waschstraße fahren … Denn ganz ohne gesunden Egoismus klappt es nicht mit der selbstlosen Liebe.

FRIEDRICH DÖNHOFF

Unter dem Bett

Das weiße Gutshaus liegt sechzig Kilometer östlich von Hamburg inmitten von Feldern und Wäldern. Es wurde im Jahr 1820 gebaut, mit großen Räumen im Erdgeschoss, mittelgroßen Zimmern im ersten Stock und vielen kleinen Kammern unter dem Dach. Eine geschwungene Treppe führt in die erste Etage, während sich seitlich eine enge, steile Dienstbotenstiege befindet, die von ganz unten nach ganz oben geht. In diesem Haus sind Menschen geboren, gestorben, und manchen von ihnen ist sogar beides passiert.

In meiner Kindheit habe ich hier oft die Sommerferien verbracht. Meine Großeltern lebten hier, und meine Großmutter lud in jedem Sommer ihre zehn Enkelkinder ein, damit wir mehrere Wochen ohne Eltern spielen und toben konnten, nur behütet von ihr (der Großvater versteckte sich die meiste Zeit in seinem Arbeitszimmer, da er Kinder nicht besonders mochte).

Für uns Kinder bestanden diese Sommerferien aus hellen, langen Tagen. Wir radelten im warmen Wind über Feldwege, bauten Tunnel im Heuspeicher, ritten auf dem Pony, stritten beim Essen, gruselten uns bei nächtlichen Streifzügen durch das dunkle Haus, in dem die uralten Holzdielen knarrten. Wir stellten uns vor, dass eine vor lan-

17

ger Zeit verstorbene Urgroßtante im Mondschein auf dem Dachboden erscheinen, einen von uns an sich reißen und ihn ins Jenseits zerren würde.

Die Hausherrin, »die Baronin«, wie meine Großmutter von den Angestellten des Hauses und des landwirtschaftlichen Betriebes genannt wurde, war eine rundliche, Respekt einflößende und kräftige Person mit einer lauten Stimme. Sie war eine ehemalige Krankenschwester aus den deutschen Ostgebieten, die der Hausherr, ein Bankier aus Hamburg, nach dem Krieg kennengelernt und geheiratet hatte. Sie war seine zweite Frau, insofern war sie, genau genommen, meine Stiefgroßmutter. Aber für mich war sie noch mehr: Sie war die perfekte Großmutter.

Gegenüber Erwachsenen war sie eher unsicher, misstrauisch, litt unter Komplexen. Zu Kindern war sie herzlich, liebevoll und großzügig. Meine Schwester durfte in den Ferien selbstverständlich ihr Kaninchen mitbringen, und als das kleine Tier eines Tages die schweren Vorhänge im Wohnzimmer anknabberte, gab es nicht den erwarteten Ärger, sondern die Hausherrin lachte, und das Kaninchen durfte auch in den nächsten Ferien wieder mitkommen.

Unter den Kindern hatte die Großmutter einige Lieblinge, die so gut wie nichts falsch machen konnten, sondern, im Gegenteil, eine Quelle immer neuer Freude waren. Ich hatte Glück: Ich war einer dieser Lieblinge. Egal was ich als Kind quasselte, sie hörte genau zu. Egal welchen Witz ich erzählte, sie lachte herzlich. Wenn ich ihr von einer vermeintlich genialen Erfindung berichtete, zum Beispiel Stöpsel für die Ohren, um Lärm abzuhalten, rief sie begeistert: »Eine geniale Erfindung!«

Und ich war der Einzige, der das Privileg hatte, mit ihr im Bett frühstücken zu dürfen. An jedem Morgen ging ich über den Flur zu der hohen Tür, klopfte und wartete, bis die Stimme meiner Großmutter rief: »Komm rein!« Sie lag dann in einen weißen Bademantel gehüllt in ihrem riesigen Bett, vor sich ein Tablett mit einer Kanne Tee, zwei Tassen und Teller, Honig in einem kristallenen Behälter mit einem kleinen silbernen Löffel, Eier in einem Korb, der die Form eines Huhns hatte, zwei weiße Stoffservietten, und eine dritte, in die getoastetes Brot gewickelt war. Ich schlüpfte zu ihr unter die Decke, wir frühstückten und schauten uns dabei die Kinderseite im Magazin *Brigitte* an. Das Wichtigste war, die auf der Seite versteckte gezeichnete Maus zu finden. Es war immer ein Wettrennen, wer von uns beiden die Maus als Erstes entdeckte. Manchmal ging es rasend schnell, manchmal dauerte es länger, aber immer fand ich die Maus, kurz bevor meine Großmutter sie gefunden hatte. Jedenfalls behauptete sie das.

In einem dieser Sommer klopfte ich eines Morgens an ihre Schlafzimmertür, und das erste Mal kam keine Antwort. Vorsichtig öffnete ich die Tür. Im benachbarten Bad war die Dusche zu hören. Ich schloss leise die Tür von innen und versteckte mich unter dem Bett. Wenn meine Großmutter gleich mit ihrem Frühstückstablett ins Bett stieg und auf mich wartete, würde ich plötzlich unter dem Bett hervorkommen und sie erschrecken.

Es vergingen Minuten, bis die Dusche ausging. Kurz darauf erschienen ihre nackten Füße neben dem Bett, so nahe, dass ich sie hätte berühren können.

Dann geschah etwas Seltsames: Neben dem Bett wurde

eine Gymnastikmatte ausgerollt und darauf ein Handtuch gelegt. Meine Großmutter ließ sich auf die Matte nieder, legte sich auf den Rücken. Sie war splitternackt. Ich war geschockt und wusste sofort: Diese Situation hätte niemals passieren dürfen.

Fieberhaft überlegte ich, ob ich mich ganz schnell bemerkbar machen sollte, bevor meine Großmutter den Mensch direkt neben sich, unter dem Bett liegend, entdeckte und sich womöglich zu Tode erschreckte, aber meine Zunge war wie gelähmt.

Sie war nicht gerade schlank, und die Übungen, mit denen sie nun begann, bereiteten ihr Mühe. Ich lag wie versteinert neben ihr und wartete panisch darauf, dass sie ihren Kopf zur Seite drehen würde, atmete so vorsichtig und leise, wie sie vor Anstrengung schnaufte und keuchte.

Dann kam der Moment, wo sie, außer Puste, Arme und Beine schwer auf die Matte sinken ließ. Sie atmete noch ein paarmal tief ein und aus, dann lag sie nur noch stumm neben mir, und ich hielt die Luft an.

Nach einigen Minuten bewegte sie ihren Kopf langsam in meine Richtung. Ich dachte: Gleich schaut sie mir ins Gesicht, und alles ist aus. Ich kniff die Augen zusammen, mein Herz schlug wie verrückt. Eine Ewigkeit verging. Als ich die Augen wieder öffnete – ganz vorsichtig, in der festen Erwartung, direkt in ihre entsetzten Augen zu blicken, war nur ihr Hinterkopf zu sehen. Offenbar dehnte sie nur den Halsmuskel.

Plötzlich holte sie tief Luft, setzte sich mit Schwung auf, rollte die Matte zusammen, und ihre Füße wanderten aus meinem Blickfeld. Nach einem längeren Moment, in dem sie sich anzog, kam über mir die Matratze ins Wanken. Kurz darauf war leises Geschirrklappern zu hören und eine Erwartung zu spüren, dass es an der Tür klopfte und ihr geliebter Enkel hereinkommen würde.

Hilflos überlegte ich, was ich tun könnte. Wenn ich still wartete, würde sie sich wundern und vielleicht nach mir rufen oder irgendjemanden losschicken, um mich zu suchen. Sollte ich jetzt nicht einfach unter dem Bett hervorkommen und, falls sie fragte, konsequent abstreiten, irgendetwas von Übungen auf der Matte mitbekommen zu haben?

Über mir raschelte die Zeitung, Tee wurde in die Tasse gegossen, und die Zeit lief ab. Ich sah keine andere Möglichkeit mehr. Ich nahm meinen ganzen Mut zusammen, krabbelte unter dem Bett hervor und rief: »Buh!«

Entsetzt schaute meine Großmutter mich an. »Um Gottes willen!«, sagte sie, »jetzt hast du mich aber erschreckt.«

Als ich auf das Bett stieg und neben sie kroch, fragte sie: »Sag mal, hast du mich etwa bei meiner Gymnastik beobachtet?«

»Bei was?«, fragte ich zurück und bemühte mich, es glaubhaft klingen zu lassen.

Auf ihrem Gesicht breitete sich ein Lächeln aus, und dann begann sie laut zu lachen.

Jahre später, ich studierte inzwischen in Hamburg, gab es zwar Wiedersehen und Abschiede, aber ich muss zugeben, dass sie immer seltener wurden. Ich war viel unterwegs, und wenn ich nach Hause kam, war auf dem Anrufbeantworter manchmal ihre Stimme: »Wann kommst du mich mal wieder besuchen?«

Sie war alt geworden, konnte nicht mehr alleine aus dem

Haus, konnte nur noch auf Besuch warten, und ich hatte keine Zeit, war beschäftigt mit anderen Dingen, ohne zu wissen oder darüber nachzudenken, wie schnell die Zeit vergeht und dass Menschen irgendwann für immer verschwinden.

Eines Tages klingelte mein Telefon, und eine mir unbekannte Frau erklärte mit resoluter Stimme: »Sie haben noch genau eine Woche Zeit!«

»Wie bitte?«, fragte ich. »Eine Woche Zeit? Wofür?«

»Um ihn abzuholen.«

»Wen?«

»Na, wen wohl?«, äffte die Stimme im Telefon mich nach.

»Ich weiß wirklich nicht, wovon Sie sprechen!«

Die Frau seufzte, bevor sie antwortete: »Ihren Führerschein natürlich.«

»Meinen Führerschein?«, fragte ich verwundert. Ich hatte den Verlust noch gar nicht bemerkt.

Die Frau berichtete, der Führerschein sei vor knapp einem Jahr bei ihr im Fundbüro abgegeben worden, und wenn ich ihn nicht binnen weniger Tage abholte, würde er vernichtet werden. Das sei nun mal Gesetz.

Das Fundbüro befindet sich im Osten von Hamburg, dort, wo es zur Autobahn Richtung Lübeck geht, die Strecke zu meiner Großmutter. Ich legte auf, wollte losfahren, um das Dokument abzuholen und hatte plötzlich den Gedanken: Jetzt rufst du sie an, und wenn es ihr zufällig gerade passt, fährst du gleich weiter und besuchst sie.

Sie war gleich am Telefon.

Ich fuhr los und war nur eine Stunde später bei meiner Großmutter. An diesem Tag saßen wir lange nebeneinander und schauten durch das Terrassenfenster nach draußen ins Grüne. Abwechselnd sprachen wir, aber die meiste Zeit schwiegen wir.

Ich fragte sie, ob sie mit ihrem Leben, so wie es gelaufen ist, einverstanden sei. Sie überlegte. Dann antwortete sie: »Ich bin zufrieden und dankbar. Ich hatte viel Glück in meinem Leben.«

Wenig später kam die Nachricht, dass sie gestorben ist.

Die Straße des Lichts

I

Die Ferien meiner Kindheit verbrachte ich bei den Großeltern in der Schweiz. Meine Mutter brachte mich zum Bahnhof, setzte mich in den Zug, und wenn ich Glück hatte, konnte ich sitzen bleiben und kam nach sechsstündiger Fahrt an dem Bahnsteig an, an dem der Großvater mich erwartete. Wenn ich Pech hatte, musste ich an der Grenze umsteigen. Einmal saß ich danach weinend im falschen Zug, bis ein freundlicher Kondukteur mir die Tränen trocknete und mich nach ein paar Stationen in einen anderen Zug setzte und dem nächsten Kondukteur anvertraute, der mich auf die gleiche Weise an den übernächsten weitergab, sodass ich von einer Stafette von Kondukteuren ins Ziel befördert wurde.

Ich genoss die Bahnfahrten: das Vorüberziehen der Landschaften und Orte, die Geborgenheit des Abteils, die Selbständigkeit. Ich hatte Fahrkarte und Pass, Proviant und Lektüre, brauchte niemanden und musste mir von niemandem etwas sagen lassen. In den Schweizer Zügen vermisste ich die Abteile. Dafür war jeder Sitzplatz ein Fenster- oder Gangplatz und musste ich nicht befürchten, in der Mitte eines Abteils eingezwängt zu werden. Außerdem war das helle Holz der Schweizer Sitze schmucker als das deutsche rotbraune Plastik, wie das Grau der Waggons, die dreisprachige Aufschrift »SBB – CFF – FFS« und das Wappen mit dem weißen Kreuz im roten Feld edler waren als das schmutzige Grün mit der Aufschrift »DB«. Ich war stolz, ein halber Schweizer zu sein, auch wenn ich die Schäbigkeit der deutschen Züge heimatlich fand wie die Schäbigkeit der Stadt, in der meine Mutter und ich wohnten, und der Menschen, mit denen wir lebten.

Der Bahnhof der großen Stadt am See, an dem meine Reise endete, war ein Kopfbahnhof. Ich musste nur den Bahnsteig entlanggehen und konnte den Großvater nicht verfehlen: groß und kräftig, mit dunklen Augen, buschigem weißen Schnurrbart und Glatze, in heller Leinenjacke, mit Strohhut und Spazierstock. Er strahlte Verlässlichkeit aus. Er blieb für mich groß, auch als ich ihn überragte, und kräftig, auch als er sich auf den Spazierstock stützen musste. Noch als ich Student war, nahm er mich beim Gehen gelegentlich an der Hand. Es machte mich verlegen, war mir aber nicht peinlich.

Die Großeltern wohnten am See ein paar Orte weiter, und wenn das Wetter schön war, nahmen Großvater und ich nicht die Bahn, sondern das Schiff. Am liebsten hatte ich den großen, alten Raddampfer, in dessen Mitte man die ölig glänzenden bronzenen und stählernen Stangen und Kolben der Maschine arbeiten sah. Er hatte viele Decks, offene und geschlossene. Wir standen auf dem vorderen offenen Deck, atmeten den Wind und sahen am Ufer die kleinen Städte auftauchen und verschwinden, um das Schiff die Möwen kreisen und auf dem See die Segelboote mit ihren prallen

Segeln prunken und die Wasserskifahrer ihre Kunststücke vollführen. Manchmal sahen wir hinter den Bergen die Alpen, und der Großvater nannte die Gipfel beim Namen. Jedes Mal kam es mir wieder wie ein Wunder vor, dass die Straße des Lichts, die die Sonne aufs Wasser wirft, ruhig gleißend in der Mitte und an den Rändern in tanzende Splitter zerspringend, mit dem Schiff mitwanderte. Ich bin sicher, dass schon der Großvater mir erklärt hat, dass das seine optische Richtigkeit hat. Aber noch heute kommt es mir jedes Mal wie ein Wunder vor. Die Straße des Lichts beginnt da, wo ich gerade bin.

2

Im Sommer, als ich acht war, hatte meine Mutter kein Geld für meine Fahrkarte. Sie fand, ich weiß nicht, wie, einen Fernfahrer, der mich bis zur Grenze mitnehmen und dort einem anderen Fernfahrer übergeben sollte, der mich bei den Großeltern absetzen würde.

Treffpunkt war der Güterbahnhof. Meine Mutter hatte zu tun und konnte nicht bleiben; sie stellte mich mit meinem Koffer an die Einfahrt und schärfte mir ein, mich nicht von der Stelle zu rühren. Ich stand und sah jedem vorbeifahrenden Lastwagen ängstlich entgegen und erleichtert und enttäuscht hinterher. Sie ragten höher, dröhnten lauter und stanken schwärzer, als ich bisher bemerkt hatte. Es waren Ungetüme.

Ich weiß nicht, wie lange ich gewartet habe. Ich hatte noch keine Uhr. Nach einer Weile setzte ich mich auf den

Koffer und sprang mehrmals auf, wenn es schien, als werde ein Lastwagen langsamer und wolle anhalten. Schließlich hielt einer an, der Fahrer hob mich und den Koffer ins Fahrerhäuschen und der Beifahrer in das hohe Bett hinter der Fahrerbank. Ich solle den Mund halten, den Kopf nicht über den Bettrand strecken und schlafen. Es war noch hell, aber auch als es dunkel wurde, konnte ich nicht schlafen. Am Anfang drehten sich Fahrer oder Beifahrer ab und zu um und schimpften, wenn mein Kopf über den Bettrand ragte. Dann vergaßen sie mich, und ich sah hinaus.

Mein Blickfeld war klein, aber ich konnte durch das Seitenfenster neben dem Beifahrer die Sonne untergehen sehen. Vom Gespräch zwischen Fahrer und Beifahrer verstand ich nur Bruchstücke; es ging um Amerikaner, Franzosen, Lieferungen und Zahlungen. Beinahe hätte mich das gleichmäßig schlagende Geräusch, die gleichmäßige, gedämpfte Erschütterung eingelullt, als der Lastwagen über die großen Platten fuhr, aus denen der Belag der Autobahn damals bestand. Aber bald war die Autobahn zu Ende, und wir fuhren über schlechte, bergige Landstraßen, auf denen der Fahrer den Schlaglöchern nicht ausweichen konnte und ständig rauf- und runterschalten musste. Es war eine unruhige Fahrt durch die Nacht.

Immer wieder hielt der Lastwagen an, tauchten Gesichter in den Seitenfenstern auf, stiegen Fahrer und Beifahrer aus, öffneten die Ladetür und schoben und schichteten auf der Ladefläche. Manche Stationen waren Fabriken und Lager mit hellen Lampen und lauten Stimmen, andere dunkle Tankstellen, Parkplätze und Feldwege. Vielleicht haben Fahrer und Beifahrer mit der Erledigung ihrer Aufträge noch die Besorgung eigener Geschäfte verbunden, geschmuggelt oder gehehlt und dadurch länger gebraucht als geplant.

Jedenfalls waren wir zu spät an der Grenze, war der andere Lastwagen schon weg und saß ich ein paar Stunden im Morgengrauen auf einem Platz in einer Stadt, deren Namen ich nicht mehr weiß. Um den Platz standen eine Kirche, das eine und andere neue Haus und mehrere Häuser ohne Dächer und mit leeren Fenstern. Im ersten Licht der Sonne kamen Leute und bauten einen Markt auf; sie brachten Säcke, Kisten und Körbe auf großen, flachen, zweirädrigen Karren, zwischen deren Gestänge sie sich mit einer Schlinge über der Schulter gespannt hatten. Ich hatte die ganze Nacht vor dem Kapitän und dem Steuermann des Lastwagens Angst gehabt, vor einem Überfall durch Piraten, einem Unfall und davor, ich müsse aufs Klo. Jetzt hatte ich ebensoviel Angst davor, jemandem aufzufallen, der dann über mich verfügen würde, wie davor, dass niemand mich bemerken und sich um mich kümmern würde.

Als die Sonne so warm schien, dass es mir auf der schattenlosen Bank, von der ich mich nicht wegtraute, unangenehm wurde, hielt vor mir ein Auto mit offenem Verdeck am Rand der Straße. Der Fahrer blieb sitzen, die Beifahrerin stieg aus, lud meinen Koffer in den Kofferraum und wies mich auf den Rücksitz. War es das große Auto, die auffällige Kleidung von Fahrer und Beifahrerin, das Selbstbewusste und Unbeschwerte ihrer Gesten oder der Umstand, dass sie mir, als wir über der Grenze in der Schweiz waren, das erste Eis meines Lebens kauften – lange stellte ich mir, wenn ich von reichen Leuten reden hörte oder las, sie vor. Waren sie Schmuggler oder Hehler wie der Fernfahrer? Auch sie waren mir nicht geheuer, obwohl sie, beide jung, mich auf nette Art wie einen kleinen Bruder behandelten und rechtzeitig zum Mittagessen bei den Großeltern absetzten.

3

Das Haus, in dem die Großeltern wohnten, war von einem Architekten gebaut worden, der in der Welt herumgekommen war. Weit vorstehendes, von kunstvoll zugehauenen Holzstreben gestütztes Dach, ein trutziger Erker im ersten und ein mit Wasserspeiern geschmückter Balkon im zweiten Geschoss, die Fenster mit Stein in Stein gefügten Rundbogen – das Haus war kolonialer Landsitz, spanische Burg und romanisches Kloster. Aber alles passte zusammen.

Außerdem hielt der Garten es zusammen: links zwei hohe Tannen, rechts ein großer Apfelbaum, vor dem Haus eine alte, dichte Buchshecke und die rechte Seite des Hauses mit wildem Wein bewachsen. Der Garten war groß; zwischen Straße und Haus lag eine Wiese, neben dem Haus gab es auf der rechten Seite Gemüsebeete, Tomaten- und Bohnenstauden, Himbeer- und Johannisbeerbüsche, eine Brombeerhecke und einen Komposthaufen, auf der linken Seite einen breiten Kiesweg, der zur rückwärtigen Seite des Hauses führte, zu dem von zwei Hortensienbüschen gerahmten Eingang. Der Kies knirschte unter den Schritten, und wenn der Großvater und ich vor dem Eingang standen, hatte die Großmutter uns schon kommen gehört und machte die Tür auf.

Das Knirschen des Kieses, das Summen der Bienen, der Klang der Hacke oder des Rechens bei der Gartenarbeit – seit den Sommern bei den Großeltern sind es Sommergeräusche. Wie der bittere Geruch des sonnenwarmen Buchses und der faulige des Komposts Sommergerüche sind. Wie die Stille des frühen Nachmittags, in der kein Kind ruft, kein Hund bellt und kein Wind weht, Sommerstille ist. Durch die Straße, an der meine Mutter und ich wohnten, führte dichter Verkehr; wenn die Straßenbahn oder ein Lastwagen vorbeifuhren, klirrten die Scheiben, und wenn beim Abriss und Aufbau der zerbombten Nachbarhäuser die Baumaschinen im Einsatz waren, zitterten die Böden. Bei den Großeltern gab es kaum Verkehr, nicht vor dem Haus und nicht im Ort. Wenn ein Pferdefuhrwerk vorbeifuhr, hieß mein Großvater mich Schaufel und Eimer holen, und in aller Ruhe folgten wir dem Fuhrwerk und sammelten die Pferdeäpfel für den Komposthaufen ein.

Im Ort gab es den Bahnhof, die Schiffsanlegestelle, ein paar Geschäfte und zwei oder drei Gasthöfe, darunter einen alkoholfreien, in dem die Großeltern manchmal am Sonntag mit mir zu Mittag aßen. Jeden zweiten Tag ging der Großvater einkaufen und machte die Runde vom Milch- und Käsegeschäft zur Bäckerei und zum Lebensmittelgeschäft der Genossenschaft, manchmal zur Apotheke oder zum Schuster. Er trug seine helle Leinenjacke und eine ebenso helle Leinenkappe, hatte in der Jackentasche ein Büchlein, das die Großmutter aus hier und da anfallendem leeren Papier nähte und in das sie die Einkaufsaufträge schrieb, hielt mit der einen Hand seinen Stock und an der anderen mich. Ich trug die alte, lederne Einkaufstasche, die, weil wir jeden zweiten Tag einkaufen gingen, nie so voll war, dass ich mich beim Tragen schwergetan hätte.

Ging der Großvater jeden zweiten Tag mit mir einkaufen, um mir eine Freude zu machen? Ich liebte die Einkaufsgänge: den Appenzeller und Greyerzer Geruch im Milch- und Käsegeschäft, den Duft des frischen Brots in der Bäckerei, die Warenfülle im Lebensmittelgeschäft. Es war so viel schöner als der kleine Laden, zu dem mich meine Mutter schickte, weil sie bei ihm anschreiben lassen konnte.

Nach dem Einkaufen gingen wir an den See, fütterten die Schwäne und Enten mit altem Brot und sahen den Schiffen zu, die vorbeifuhren oder an- und ablegten. Auch hier war es ruhig. Die Wellen schlugen schmatzend an die Ufermauer – auch das ein Sommergeräusch.

Dann gab es noch die Geräusche des Abends und der Nacht. Ich durfte aufbleiben, bis die Amsel gesungen hatte. Wenn ich im Bett lag, hörte ich kein Auto und keine Stimmen; ich hörte die Kirchturmuhr die Zeit schlagen und auf der Strecke zwischen Haus und See halbstündlich den Zug vorbeifahren. Zunächst zeigte der seeaufwärts gelegene Bahnhof dem seeabwärts gelegenen mit einem Glockenton an, dass der Zug den Bahnhof verließ, wenige Minuten drauf fuhr der Zug vorbei, und wieder einige Minuten später signalisierte der seeabwärts gelegene Bahnhof die Abfahrt des Zugs. Dieser Bahnhof war weiter weg als der andere; ich hörte den zweiten Glockenton nur schwach. Eine halbe Stunde später kam der seeaufwärts fahrende Zug und wiederholten sich die Geräusche in umgekehrter Reihenfolge. Kurz nach Mitternacht fuhr der letzte Zug. Danach rauschte vielleicht noch der Wind in den Bäumen oder der Regen auf dem Kies. Sonst war es völlig still.

4

Nie hörte ich, wenn ich im Bett lag, Schritte auf dem Kies. Meine Großeltern gingen abends weder aus, noch bekamen sie Besuch. Erst als ich schon mehrere Sommer bei ihnen gewesen war, begriff ich, dass sie abends arbeiteten.

Anfangs hatte ich mir keine Gedanken gemacht, wovon sie lebten. Mir war klar, dass sie ihr Geld nicht wie meine Mutter verdienten, die morgens aus dem Haus ging und am späten Nachmittag wiederkam. Mir war auch klar, dass vieles, aber nicht alles, was auf den Tisch kam, in ihrem Garten gewachsen war. Ich wusste sogar schon, was Rente ist, hörte die Großeltern aber nie jammern, wie ich zu Hause beim Einkaufen oder im Hausflur ältere Leute über ihre Rente jammern hörte, und stellte sie mir daher auch nicht als Rentner vor. Ich stellte mir ihre finanzielle Situation überhaupt nicht vor.

Als mein Großvater starb, hinterließ er Lebenserinnerungen. Erst aus ihnen erfuhr ich, woher er kam, was er gemacht und wovon er gelebt hatte. So gerne er auf unseren Spaziergängen und Wanderungen erzählte, so wenig erzählte er von sich. Dabei hätte er manches zu erzählen gehabt.

Er hätte von Amerika erzählen können. In den 90er-Jahren des 19. Jahrhunderts war sein Vater nach einem Erdrutsch, der sein Haus und seinen Garten verwüstet hatte, das Leben im Dorf leid und wanderte, wie viele andere aus dem Dorf, mit Frau und vier Kindern nach Amerika aus. Die Kinder sollten wackere Amerikaner werden. Mit dem Zug nach Basel, mit dem Schiff nach Köln und weiter mit Zug, Schiff und Wagen nach Hamburg, New York, Knoxville und Handsborough – die Lebenserinnerungen berichten von der Großartigkeit des vollendeten Kölner Doms, der Weite der Lüneburger Heide, dem ruhigen und dem stürmischen Meer, der Begrüßung durch die Freiheitsstatue und in Amerika von Begegnungen mit Verwandten, die schon früher ausgewandert und reüssiert oder gescheitert waren. In Handsborough starben zwei Geschwister meines Großvaters, und ein hartherziger Verwandter erlaubte nicht, dass sie auf, sondern nur, dass sie neben seinem Friedhof begraben wurden – endlich verstand ich die Fotografie aus dem Schlafzimmer der Großeltern, die vor einem kleinen, hübschen, von schmiedeeisernem Gitter mit steinernem Tor umgebenen Friedhof zwei durch Bretter abgesteckte, armselige Gräber zeigte. Die Auswanderer kamen zurecht, wurden aber nicht glücklich. Sie hatten Heimweh, eine Krankheit, die tödlich sein kann. Großvaters Erinnerungen berichten, wie oft in der Kirche des Dorfs verlesen und im Kirchbuch vermerkt wurde, dass der Soundso in Wisconsin oder in Tennessee oder in Oregon an Heimweh gestorben war. Fünf Jahre nachdem die Auswanderer zu sechst aufgebrochen waren, kehrten sie zu viert mit den großen Koffern, die ihnen der Schreiner des Dorfs gefertigt hatte, heim.

Mein Großvater hätte auch von Italien und Frankreich erzählen können. Nachdem er Weberei und Spinnerei gelernt hatte, arbeitete er mehrere Jahre in Turin und Paris, und wieder offenbaren seine Erinnerungen, wie interessiert er die Sehenswürdigkeiten besichtigt und Land und Leute kennengelernt hat, den kärglichen Lohn, die elenden Wohnungen und den Aberglauben der Arbeiter und Arbeiterinnen in Piemont, den Konflikt zwischen Katholizismus und Laizismus und das Erstarken des Nationalismus in Frankreich. Wieder offenbaren die Erinnerungen auch, wie ihn das Heimweh gequält hat. Die Übernahme der Leitung einer Schweizer Spinnerei, die Eheschließung und Gründung eines Hausstands, der Kauf eines Hauses auf Schweizer Boden – endlich lebte er nicht mehr wider die eigene Natur, sondern mit ihr.

Als er am Vorabend des Ersten Weltkriegs in die Leitung einer deutschen Spinnerei wechselte, musste er die Heimat nicht aufgeben. Er wurde ein Grenzgänger, bis in der Inflation nach dem Ersten Weltkrieg sein Gehalt schon in Deutschland und erst recht in der Schweiz nichts wert war. Er versuchte, es sofort nach Erhalt für Dinge von bleibendem Wert auszugeben, und noch heute habe ich eine der schweren, wollenen Decken, die er zahlreich aus einem aufgelösten deutschen Pferdelazarett erworben hat und die tatsächlich unverwüstlich sind. Aber Pferdedecken nähren die Frau, die gesund und kräftig sein, schwanger werden und gebären soll, nicht, und so übernahm der Großvater wieder die Leitung einer Schweizer Spinnerei.

Er hat den Deutschen die Treue gehalten. Immer hat ihn das Schicksal der Deutschen im Ausland bewegt – vielleicht weil er dachte, sie müssten so heimwehkrank sein, wie er oft heimwehkrank gewesen war. Wenn die Großmutter kochte, half er ihr, und zu seinen Pflichten gehörte, das kugelige metallene Netz mit dem gewaschenen, nassen Salat vor die Haustür zu tragen und zu schwenken, bis der Salat trocken war. Wieder und wieder passierte es, dass er lange nicht wiederkam und die Großmutter mich nach ihm schickte. Dann fand ich ihn vor der Haustür stehen und versonnen auf die Tropfen sehen, die er beim Schwenken über die Steinplatten vor dem Eingang verstreut hatte. »Was ist, Großvater?« Die Tropfen erinnerten ihn an die in die Welt zerstreuten Deutschen.

Nachdem die Großeltern den Ersten Weltkrieg, die Grippe und die Inflation überstanden hatten, nachdem der Großvater mit der Leitung der Schweizer Spinnerei Erfolg und auch zwei Patente angemeldet und profitabel verkauft hatte, kam endlich der Sohn. Ab jetzt ist in die Lebenserinnerungen gelegentlich eine Fotografie eingeklebt: mein Vater mit gefalteter papierener Mütze auf dem Kopf und Steckenpferd zwischen den Beinen, die Familie am Tisch im Gartenhäuschen, mein Vater in Anzug und mit Krawatte am ersten Tag auf dem Gymnasium, die Familie mit Fahrrädern, jeder mit einem Fuß auf dem Boden und einem auf dem Pedal, als gehe es sofort los. Einige Fotografien lagen lose in den Lebenserinnerungen. Mein Großvater als Schüler, als junger Ehemann, als Ruheständler und wenige Jahre vor seinem Tod. Immer schaut er ernst, traurig, verloren vor sich hin, als nehme er niemanden wahr. Auf dem letzten Bild ragt sein altersdünner Hals mit dem zerfurchten Gesicht aus dem weiten Hemdkragen wie der Kopf einer Schildkröte aus dem Panzer; der Blick ist furchtsam geworden und die Seele bereit, sich hinter Menschenscheu und Eigensinn zurückzuziehen. Er hat mir einmal erzählt, dass er lebenslang an Kopfschmerz litt, von der linken Schläfe über das linke Ohr zum Hinterkopf, »wie die Feder am Hut«. Über Depressionen hätte er zu mir nicht gesprochen, und er wusste wohl gar nicht, dass Traurigkeit, Verlorenheit und Furchtsamkeit einen Befund darstellen können, der einen Namen hat – wer wusste das damals schon. So weit, dass er nicht aufstehen, nichts machen, nicht arbeiten konnte, ging es nur selten.

Mit fünfundfünfzig setzte er sich zur Ruhe. Die Arbeit in den Spinnereien war Brotberuf gewesen, seine Leidenschaft hatte der Geschichte, der Gesellschaft, der Politik gehört. Er kaufte mit Freunden eine Zeitung und wurde deren Herausgeber. Aber mit ihrer Position zur Schweizer Neutralität stand die Zeitung gegen die öffentliche Meinung, und mit ihren geringen finanziellen Mitteln war sie dem Konkurrenzkampf nicht gewachsen. Er und seine Freunde hatten mit dem Unternehmen mehr Sorgen als Freude und mussten es nach einigen Jahren wieder aufgeben. Immerhin hatte die Tätigkeit als Herausgeber den Großvater in Kontakt mit Verlegern gebracht, und seine letzte, Abend um Abend zusammen mit der Großmutter besorgte Arbeit war die Redaktion einer Heftereihe »Romane zur Freude und zur guten Unterhaltung«.

5

Der Liebe zur Geschichte lebte er in den Büchern, die er las, und auf den Wegen, die er mit mir machte. Kein Spaziergang, keine Wanderung, kein Marsch, wie er gerne sagte, auf dem er mir nicht Begebenheiten aus der Schweizer und deutschen Geschichte und besonders der Militärgeschichte erzählte. Er hatte einen schier unerschöpflichen Schatz von Schlachtplänen im Kopf, die er mit dem Spazierstock auf den Boden zeichnete: Morgarten, Sempach, Sankt Jakob an der Birs, Grandson, Murten, Nancy, Marignano, Roßbach, Leuthen, Zorndorf, Waterloo, Königgrätz, Sedan, Tannenberg und viele andere, die ich vergessen habe. Dazu hatte er die Gabe, lebendig und packend zu erzählen.

Ich hatte Lieblingsschlachten, deren Geschichte ich immer wieder hören wollte. Die Schlacht bei Morgarten. Herzog Leopold führt die Blüte der österreichischen Ritterschaft wie zu einer Jagdpartie; er will einen leichten Sieg erringen, die vermeintlich waffen- und wehrlosen Eidgenossen zu Paaren treiben und rasche Beute machen. Aber die Eidgenossen sind kampferprobt und -bereit. Sie wissen, wofür sie kämpfen: für die Freiheit, für Haus, Herd, Weib und Kind. Sie wissen auch, wo Leopold vorrücken wird. Der Ritter von Hünenberg, guter Nachbar und Freund der Eidgenossen, hat einen Pfeil in ihr Lager geschossen und daran ein Pergament mit einer Warnung geheftet. So erwarten sie das österreichische Heer, das zwischen dem Ägerisee und der Höhe Morgarten hindurchmuss, auf der Höhe. Als es sich auf der schmalen Straße staut und drängt, rollen sie Felsbrocken und Baumstämme hinab und werfen die einen in den See, dann brechen sie hervor und machen die anderen nieder. Die Ritter, die fliehen wollen, werden von den schweren Rüstungen ins nasse Grab gezogen.

Die Tapferkeit der Eidgenossen beeindruckte mich. Zugleich beschäftigte mich der Pfeilschuss des Ritters von Hünenberg. War das nicht Verrat? Schmälerte der Verrat nicht die Tat der Eidgenossen?

Der Großvater nickte. »Das hat dein Vater auch gefragt.«

»Und?«

»Der Ritter war frei. Er musste nicht zu den Österreichern halten, sondern konnte sich auch auf die Seite der Schweizer oder auf keine Seite schlagen.«

»Aber er hat nicht an der Seite der Schweizer gekämpft. Er hat heimlich gehandelt.«

»Er hätte den Schweizern nicht mehr helfen können, wenn er mit ihnen gekämpft hätte. Wenn man das Richtige nur heimlich machen kann, wird es durch die Heimlichkeit nicht falsch.«

Ich wollte wissen, was aus dem Ritter von Hünenberg geworden war, aber mein Großvater wusste es nicht.

Die Schlacht von Sempach. Wieder vertrauen die Österreicher auf ihre schweren Rüstungen, wieder verkennen sie Kampfgeschick und Kampfesmut der Hirten und Bauern. Zwar gelingt es den Eidgenossen bis Mittag nicht, mit ihrem Angriffskeil in die speerstarrende Front der Österreicher einzubrechen. Aber am heißesten Tag des Jahres lässt die Sonne das Eisen der Ritter glühen und schwerer und schwerer werden. Als Arnold Winkelried so viele Speere packt, wie er kann, sich in sie stürzt und sie unter sich begräbt, sind die Österreicher zu ermattet, als dass sie dem Einbruch der Eidgenossen noch viel entgegenzusetzen hätten. Wieder erleiden sie eine völlige Niederlage.

Anfänglich erstaunte mich nur, dass Arnold Winkelried bei seiner Heldentat noch den langen Satz sagen konnte:

»Eidgenossen, ich will der Freiheit eine Gasse schlagen. Sorgt für mein Weib und meine Kinder!«

Aber mein Großvater ruhte nicht, bis ich begriff, dass die Österreicher verloren, weil sie aus dem Schaden von Morgarten nicht klug geworden waren. »Die Unterschätzung der Schweizer, die schweren Rüstungen, die Widrigkeiten der Natur, diesmal nicht des Wassers, sondern der Sonne – Fehler zu machen kann niemand vermeiden. Aber niemand muss den gleichen Fehler noch mal machen.«

Als ich diese Lektion begriffen hatte, kam die nächste. »Es gilt, nicht nur aus dem Schaden klug zu werden, den man erleidet, sondern auch aus dem, den man zufügt.« Er erzählte von den Engländern, die die Franzosen im Hundertjährigen Krieg mit ihren langen Bogen Schlacht um Schlacht besiegten, aber fassungslos waren, als die Franzosen schließlich auch lange Bogen bauten und erfolgreich einsetzten.

Die Schlacht bei St. Jakob an der Birs. Schon der Name der Gegner der Eidgenossen klang furchterregend: Armagnaken. Der Großvater beschrieb das Heer von 30 000 Mann: Söldner aus Frankreich, Spanien und England, am Ende des Hundertjährigen Kriegs kampfgestählt, aber auch zu Raub und Grausamkeit verkommen. Der französische König braucht sie nicht mehr und stellt sie gerne den Österreichern gegen die Eidgenossen zur Verfügung und den nach der Krone begehrenden Dauphin an ihre Spitze. Dagegen stehen 1500 Eidgenossen. Nicht zum Angriff, sondern nur zur Erkundung ausgeschickt, aber vom ersten siegreichen Scharmützel zum nächsten und zum übernächsten verführt, haben sie schließlich das ganze Heer der Armagnaken gegen sich. Sie ziehen sich in das Siechenhaus von St. Jakob zurück und halten es bis in den Abend und bis zum letzten Mann. Die Armagnaken siegen, erleiden aber so hohe Verluste, dass sie die Lust am Krieg verlieren und Frieden schließen.

»Was gibt es daraus zu lernen?«

Der Großvater lachte. »Dass man auch das Verrückte mit vollem Einsatz tun muss. Dass es dann manchmal das Richtige ist.«

6

Es gab noch ein anderes Feld, von dem mein Großvater Geschichten über Geschichten zu erzählen wusste: Fehlurteile. Auch hier hatte ich Lieblingsgeschichten, die er mir immer wieder erzählen musste. Auch hier hatten wir Gespräche über die Moral der Geschichten. Sie waren schwierig. Denn obwohl die Ungerechtigkeit das Fehlurteil definiert, haben die berühmten Fehlurteile oft eine über die Ungerechtigkeitswirkung hinausgehende historische Bedeutung und schlägt die Ungerechtigkeits- manchmal sogar in eine Gerechtigkeitswirkung um.

Der Prozess des Grafen von Schmettau gegen den Müller Arnold. Der Müller verweigert dem Grafen die Pacht, weil der Landrat ihm durch die Anlage eines Karpfenteichs das Wasser abgegraben habe, worauf der Graf ihn verklagt. Der Graf gewinnt in der ersten, der zweiten und der letzten Instanz vor dem Kammergericht in Berlin. Der Müller schreibt an Friedrich den Großen, der Begünstigung, Bestechung und schändliches Lumpenwerk argwöhnt und anordnet, dass die Richter ins Gefängnis geworfen werden, der Landrat abgesetzt, der Karpfenteich zugeschüttet und das Urteil gegen den Müller aufgehoben wird. Das war Willkür und Unrecht, denn die Mühle hatte reichlich Wasser, die Pacht hätte erwirtschaftet und gezahlt werden können, und der Müller war ein Spitzbub. Aber es begründete das Ansehen Friedrichs als eines gerechten Königs und Preußens als eines Staats, in dem vor dem Richter alle gleich sind, der Schwache wie der Starke, der Arme wie der Reiche.

Bei der Geschichte vom Prozess gegen die Jungfrau von Orleans verkehrt sich die Ungerechtigkeits- zwar nicht in eine Gerechtigkeitswirkung, hat aber doch einen Ertrag, der anders schwerlich zu haben gewesen wäre. Sechzehnjährig kommt Johanna, das schöne Bauernmädchen, an den Hof Karls, der zu schwach ist, die Engländer zu besiegen und sich in Reims zum französischen König krönen zu lassen. Frankreich ist drauf und dran, unter die Herrschaft der Engländer zu fallen. Das Wunder will, dass Johanna das französische Heer in die Schlacht und zum Sieg führt, dass sie Orleans erobert, Karls Krönung zum französischen König ermöglicht und auf Paris marschiert. Da wird sie gefangengenommen und an die Engländer verkauft. Der König, der sie vielleicht befreien könnte, tut nichts. Die Standhafte wird gefoltert und vergewaltigt, von Bischof Pierre Cauchon wegen Zauberei und Hexerei zum Tode verurteilt und verbrannt. Aber Prozess und Urteil machen sie zur Märtyrerin Frankreichs, zur Symbolgestalt seiner Befreiung, und zwanzig Jahre später sind die Engländer vertrieben. Wie es ohne den Müller Arnold keinen preußischen Rechtsstaat gegeben hätte, so ohne Johanna keine Befreiung Frankreichs.

Eine Geschichte war dagegen nur grässlich. Sie war allerdings auch nicht berühmt. 1846 liebt Mennon Elkner, die schöne Tochter eines protestantischen Schneiders in Nancy, Eugen Duirwiel, den Sohn des katholischen Scharfrichters, und wird wiedergeliebt. Der Scharfrichter, dem die Liebe der beiden von einer Nachbarin des Schneiders überbracht wird, will eine Heirat nicht zulassen und presst Mennon eine Erklärung ab, dass sie sich von Eugen lossagt. Sie ist doppelt verzweifelt; sie hat den Geliebten verloren und ist schwanger. Die beiden toten Knaben, die sie zur Welt bringt, vergräbt sie im Garten. Aber wieder hat die Nachbarin spioniert; Mennon wird verhaftet, des doppelten Kindesmords angeklagt und zum Tod durchs Schwert verurteilt. Man ahnt schon, was kommt. Aber es kommt noch viel schlimmer. Eugen hat vom Vater das Amt des Scharfrichters übernommen und betritt den Richtplatz zu seiner ersten Hinrichtung, von der er nur weiß, dass er sie an einer doppelten Kindsmörderin vollziehen muss. Als er Mennon erkennt, erblasst er, ihm schwindelt, wanken die Knie und zittern die Hände. Vom Vater, der bei ihm steht, ermahnt und von den Amtspersonen gedrängt, schlägt er zweimal zu, verwundet Mennon an Kinn und Schulter, wirft dann das Schwert weg und will und kann nicht mehr. Aber die Stunde der Hinrichtung muss eingehalten, die Scharfrichterfamilienehre gerettet werden – der Vater ist außer sich und stürzt sich mit dem Messer auf Mennon, um das Werk des Sohns zu vollenden. Mit jedem Stich wird die Menge der Zuschauer unwilliger. Dann stürmt sie den Richtplatz.

Die Großmutter, die mir, wenn ich sie bat, Gedichte über die Schlachten von Lützen und Hochstädt, über den Müller Arnold und Johanna von Orleans aufsagte, kannte auch ein dichter- und kunstloses Gedicht über das Schicksal der schönen Mennon auswendig. Wenn der Großvater mit der Geschichte bis zum Aufruhr der Menge gekommen war, brach er ab. »Frag die Großmutter. Sie erzählt das Ende viel besser.«

Das ganze Gedicht kann ich nicht mehr. Die letzten beiden Strophen gehen etwa so:

> *Die Henker steinigt man von allen Seiten,*
> *sie finden unter Qualen ihren Tod.*
> *Kann man Mennon zur Rettung nun geleiten?*
> *Sie lebet noch, sie flehet noch zu Gott!*
> *Man trägt sie hoffnungsvoll zum Lazarette,*
> *allein, dort stirbt sie bald in ihrem Bette.*
>
> *Fünf Opfer zählt die grässliche Geschichte.*
> *Obwohl aus wahrer Liebe sie entsprang,*
> *fand sie ihr Ende auf dem Blutgerichte.*
> *Wem macht das nicht in tiefster Seele bang?*
> *Mögen die Opfer dort, im besser'n Leben,*
> *einand' die Hände zur Versöhnung geben.*

7

Nur über die Poesie trat die Großmutter gelegentlich mit den Kriegen, Schlachten, Heldentaten, Prozessen und Urteilen in Berührung, die den Großvater beschäftigten. Sie hielt Krieg für ein dummes, dummes Spiel, das zu lassen Männer noch nicht reif waren und vielleicht nie reif sein würden. Sie sah dem Großvater seine kriegerische Leidenschaft nach, weil er sich mit ihr gegen den Alkohol, den sie für eine fast so schlimme Geißel wie den Krieg hielt, und für das Frauenstimmrecht verbündet hatte und ihre andere, friedliche, weibliche Sicht- und Denkweise immer respektierte.

Vielleicht war es überhaupt der Respekt, der diese Ehe gestiftet hatte und zusammenhielt. Eines Sommers, als der Großvater in Italien arbeitete, besuchte ihn seine Mutter. Sie kam, ihn daran zu erinnern, dass es an der Zeit sei, eine Familie zu gründen, und erzählte ihm von den Töchtern, bei denen er annehmen durfte, dass er nicht abgewiesen würde, falls er sich um sie bewerben sollte. Dabei erzählte sie ihm auch von seiner Base, die sie bei einem Begräbnis getroffen und die ihr gut gefallen hatte. Im Sommer darauf besuchte der Großvater seine Eltern, half bei der Heuernte und machte einsame Wanderungen zu den Burgen der Heimat, zu denen ihn sein geschichtliches Interesse zog, bis seine Mutter ihn aufforderte, einmal seine Tante zu besuchen. Dort traf er die Base, die er seit der Kindheit nicht mehr gesehen hatte. Eine Fotografie aus diesen Jahren zeigt eine junge Frau mit üppigem dunklem Haar, wachem, stolzen Blick, einem Mund, dessen volle Lippen Sinnlichkeit versprechen und um den es zugleich zuckt, als wolle die schöne Frau jeden Moment fröhlich loslachen. Man fragt sich, wo die jungen Männer der Heimat ihre Augen hatten und wieso die Base auf ihren Vetter mit dem schon damals schütteren Haar wartete. Der beschreibt in seinen Lebenserinnerungen eine kurze Unterhaltung am Fenster, bei der er »überrascht war über ihre klugen Gedanken, die sie in ruhiger und fester Art bei gleichwohl bescheidenem Wesen ihrem zu Überheblichkeit neigenden Vetter gegenüber äußerte«. Danach wurden ein paar Briefe gewechselt, »was wir uns geschrieben haben, ist mir nicht mehr in Erinnerung«, der schriftliche Heiratsantrag wurde schriftlich angenommen, nach einem Jahr wurde Verlobung und nach noch mal einem Hochzeit gefeiert.

Ich weiß nicht, ob die Ehe glücklich war. Ich weiß aber auch nicht, ob die Frage nach dem Glück ihrer Ehe sinnvoll ist und ob die Großeltern sie sich selbst gestellt haben. Sie haben das Leben zusammen gelebt, in guten und in schlechten Tagen, haben einander geachtet und sich aufeinander verlassen. Ich habe nie erlebt, dass sie ernstlich gestritten hätten, aber oft, dass sie sich geneckt, gescherzt und gelacht haben. Sie hatten Freude aneinander und auch daran, sich miteinander zu zeigen, sie mit dem stattlichen Mann, der mein Großvater im Alter wurde, er mit der schönen Frau, die sie bis ins Alter blieb. Aber immer lag ein Schatten über den beiden. Alles war gedämpft: ihre Freude aneinander, ihr Scherzen und Lachen, ihre Gespräche über die Dinge der Welt. Der frühe Tod meines Vaters hatte einen Schatten auf ihr Leben geworfen, der nie wich.

Auch das begriff ich erst, als ich Großvaters Lebenserinnerungen las. Manchmal haben die Großeltern meinen Vater erwähnt, so angelegentlich, so selbstverständlich, dass ich nicht das Gefühl hatte, sie wollten sich der Auskunft über ihn verweigern. Ich erfuhr, welche von Großvaters

Geschichten Vaters Lieblingsgeschichten gewesen waren, dass er Briefmarken gesammelt, im Chor gesungen, Handball gespielt, gezeichnet und gemalt und viel gelesen hatte, dass er kurzsichtig, ein guter Schüler und ein tüchtiger Jura-Student gewesen war und keinen Militärdienst geleistet hatte. Im Wohnzimmer hing ein Bild von ihm. Es zeigte einen schlanken jungen Mann im Fischgrätenknickerbockeranzug vor einer Mauer stehend, den rechten Arm auf ein Sims gestützt und die Waden übereinandergelegt. Die Haltung war entspannt, aber der Blick durch die Brille ungeduldig, als warte der junge Mann, was als Nächstes passiert, um sich, wenn es nichts taugt, rasch anderem zuzuwenden. Ich fand Intelligenz, Entschlossenheit und ein bisschen Arroganz in seinem Gesicht, aber vielleicht nur, weil ich diese Eigenschaften selbst gerne haben wollte. Die Stellung unserer Augen war ähnlich, schräg, das eine Auge mehr als das andere. Sonst bemerkte ich keine Ähnlichkeit.

Das genügte mir. Meine Mutter sprach gar nicht von meinem Vater und hatte auch kein Bild von ihm aufgehängt oder -gestellt. Ich hatte von den Großeltern gehört, dass er mit dem Schweizerischen Roten Kreuz im Krieg gewesen und umgekommen sei. Im Krieg geblieben, gefallen, vermisst – ich habe diese Formeln der Endgültigkeit als Kind so oft gehört, dass sie mir lange wie Grabsteine vorkamen, an denen man nicht rüttelt. Die Porträtaufnahmen von Männern in Uniform, manchmal mit schwarzem Flor am Silberrahmen, die ich bei Schulkameraden sah, berührten mich so unangenehm wie die kleinen Bildchen der Toten, die in manchen Ländern auf Grabsteinen zu finden sind. Als lasse man den Toten ihre Ruhe nicht, zwinge sie ans

Licht, verlange von ihnen noch im Tod Haltung. Wenn das die Art war, wie Witwen ihrer toten Männer sichtbar gedachten, dann war mir lieber, dass meine Mutter auf das sichtbare Gedenken verzichtete.

Aber so tot und weit weg mein Vater war – eines hat uns verbunden. Die Großmutter erzählte mir einmal, dass mein Vater Gedichte gemocht habe und dass John Maynard von Theodor Fontane eines seiner Lieblingsgedichte gewesen sei. Ich lernte es noch am selben Abend auswendig. Das gefiel ihr, und über die Jahre wies sie mich auf noch das eine und andere Gedicht hin, das mein Vater gemocht habe und an das ich mich sofort machte. Vielleicht fand sie, die selbst viele Gedichte auswendig konnte, auch nur gut, dass ich abends Gedichte lernte.

8

Wenn der Abendbrottisch abgeräumt, das Geschirr gespült und die Blumen im Garten gegossen waren, machten sich die Großeltern an die Arbeit und redigierten die »Romane zur Freude und zur guten Unterhaltung«. Sie setzten sich an den Esstisch, zogen die Deckenlampe herunter und lasen und korrigierten die Manuskripte, die langen Druckfahnen und die auf das Format der Hefte umbrochenen gehefteten Druckvorlagen. Manchmal schrieben sie auch; sie bestanden darauf, dass jedes Heft am Ende einen kurzen, belehrenden und bildenden Aufsatz enthielt, und wenn keiner vorlag, schrieben sie selbst einen: über die Bedeutung des Zähneputzens, den Kampf gegen das Schnarchen, das Züchten von Bienen, die Entwicklung des Postwesens, die Regulierung der Linth durch Konrad Escher, die letzten Tage Ulrich von Huttens. Sie schrieben auch die Romane um, wenn sie eine Passage unbeholfen, unglaubwürdig oder unanständig fanden oder ihnen eine bessere Pointe einfiel. Der Verleger ließ ihnen freie Hand.

Als ich nicht mehr nach dem Gesang der Amsel ins Bett musste, durfte ich mit am Tisch sitzen. Im Licht der tiefen Lampe der helle Tisch, darum herum das dunkle Zimmer – ich liebte die Atmosphäre und fühlte mich in ihr geborgen. Ich las oder lernte ein Gedicht oder schrieb einen Brief an die Mutter oder einen Eintrag ins Ferientagebuch. Wenn ich die Großeltern unterbrach und etwas fragte, bekam ich immer eine freundliche Antwort. Gleichwohl scheute ich mich zu fragen; die Konzentration der Großeltern war spürbar, die Bemerkungen, die sie austauschten, waren knapp, und ich kam mir mit meinen Fragen geschwätzig vor. So las, lernte und schrieb ich still. Manchmal hob ich vorsichtig, um sie's nicht merken zu lassen, den Kopf und sah sie an: Den Großvater, dessen dunkle Augen aufmerksam auf die Arbeit vor ihm, aber auch verloren in die Ferne schauen konnten, und die Großmutter, die alles mit Leichtigkeit tat, mit einem Lächeln las und mit leichter, schneller Hand schrieb und korrigierte. Dabei wird die Arbeit sie schwerer angekommen sein als ihn; während er nur Bücher über Geschichte mochte und zu den Romanen, die sie betreuten, ein sachliches, nüchternes Verhältnis hatte, liebte sie Literatur, Romane wie Gedichte, hatte ein sicheres Gespür für literarische Qualität und muss unter der Beschäftigung mit den banalen Texten gelitten haben.

Ich durfte sie nicht lesen. Das eine und andere Mal wurde ich, wenn sie über einen Roman redeten, neugierig. Ich bekam zu hören, ich müsse den Roman nicht lesen; über seinen Gegenstand gebe es einen besseren Roman, eine bessere Novelle von Conrad Ferdinand Meyer oder Gottfried Keller oder welchem Klassiker auch immer. Die Großmutter stand auf und brachte mir das bessere Buch.

Als sie mir die überzähligen Exemplare der gehefteten Druckvorlagen als Sudelpapier mit nach Hause gaben, schärften sie mir entsprechend nachdrücklich ein, sie nicht zu lesen. Sie hätten sie mir lieber gar nicht gegeben. Aber Papier war teuer, und meine Mutter verdiente wenig. So schrieb ich während vieler Schuljahre alles, was ich den Lehrern nicht im Heft präsentieren musste, auf die freien Seiten der Druckvorlagen: lateinische, englische und griechische Vokabeln, arithmetische und geometrische Aufgaben, Entwürfe von Aufsätzen, Nacherzählungen und Bildbeschreibungen, Hauptstädte, Flüsse und Gebirge, Jahreszahlen und Nachrichten für Klassenkameraden und -kameradinnen ein paar Bänke weiter. Die Druckvorlagen waren aus festem Papier und fast einen Zentimeter dick; wenn ich die beschriebenen Seiten abriss, wurden sie dünner und dünner, aber die Klammern hielten immer noch das Bündel der beim Abreißen übriggebliebenen Papierfetzen zusammen. Ich mochte die dicken Blöcke mit dem festen Papier. Und weil ich ein braves Kind war, hielt ich mich jahrelang daran, die Rückseiten nicht zu lesen.

9

In den ersten Sommern fanden die Großeltern das Leben, das ich mit ihnen lebte, zu einsam für mich und versuchten, mich mit Kindern gleichen Alters in Kontakt zu bringen. Sie kannten die Nachbarn, redeten mit der einen und anderen Familie und erreichten, dass ich zu Geburtstagsfesten, Ausflügen und Besuchen im Schwimmbad eingeladen wurde. Ich merkte, dass sie die Einladungen mit Liebe und Geduld erreicht hatten, und traute mich nicht, sie abzulehnen. Aber ich war jedes Mal froh, wenn das Ereignis vorbei und ich wieder bei den Großeltern war.

Oft verstand ich die Mundart nicht, in der die Kinder sprachen. Ich verstand ihre Anspielungen nicht. Ihr Schulsystem, ihre Schul- und Freizeitaktivitäten, ihre soziale Organisation waren völlig anders als meine. Während sie um vier oder fünf Uhr aus der Schule und von schulisch veranstaltetem Sport oder Chorsingen oder Theaterspielen nach Hause kamen, war ich mir nach der Schule mit meinen Spielgefährten Nachmittag um Nachmittag selbst überlassen. Die Banden, die wir bildeten, und die Kriege, die wir führten, waren harmlos. Aber auf die gesitteten Gesellschaftsspiele der Schweizer Kinder hatten sie mich nicht vorbereitet.

Sogar im Schwimmbad ging es anders zu, als ich es kannte. Im Wasser wurde nicht gekämpft, niemand wurde ins Wasser gestoßen, niemand unter Wasser getaucht. Es wurde Wasserball gespielt, schnell und fair, von Mädchen und Jungen gemeinsam und gleichberechtigt. Das Schwimmbad war eine vom Ufer in den See gebaute Holzkonstruktion; auf einem Lattenrost, zwanzig auf zwanzig Meter groß, unter der Wasseroberfläche von ein Meter auf eins siebzig abfallend, auf Pfähle gestellt, an drei Seiten von höher gestellten Umkleidekabinen und Laufstegen umgeben, konnten sich die Nichtschwimmer tummeln; an der sich zum See öffnenden vierten Seite musste man nur unter einem Seil durchtauchen, um hinauszuschwimmen. Einmal konnte ich den Schweizer Kindern damit imponieren, dass ich aus lauter sozialer Verzweiflung auf das Dach der äußersten Umkleidekabine kletterte und von dort in den See sprang.

Vielleicht wären aus den Kontakten doch noch Kameradschaften und Freundschaften geworden, wenn wir uns öfter gesehen hätten. Aber bald nach meiner Ankunft bei den Großeltern brachen die Schweizer Kinder in die Ferien auf, oder sie waren schon weg und kehrten erst kurz vor meiner Abreise wieder zurück. Einen Jungen und mich verband das Interesse an der Eroberung der beiden Pole. War Cook ein Schwindler und Peary ein Dilettant, Scott groß oder töricht oder beides und Amundsen nur von Ehrgeiz besessen oder von einer Mission erfüllt? Auch der Vater des Jungen schien mich zu mögen. »Du hast die Augen deines Vaters«, sagte er, als wir uns das erste Mal sahen. Er sagte es mit einem freundlichen, traurigen Lächeln, das mich mehr verwirrte als die Bemerkung selbst. Aber trotz der guten Vorsätze, die der Junge und ich fassten, kam unser Briefwechsel nicht zustande.

Also blieb es bei Ferien ohne gleichaltrige Spielgefährten. Es blieb bei den immer gleichen Spaziergängen an den See, Wanderungen durch eine Schlucht, um einen Weiher und über die Höhe mit Blick auf See und Alpen. Es blieb bei den immer gleichen Ausflügen auf die Burg in Rapperswil, zur Insel Ufenau, ins Großmünster, in Museen und in die Kunsthalle. Das Gleichmaß der Wanderungen und Ausflüge gehörte ebenso zu den Ferien wie das der Gartenarbeit. Äpfel, Beeren, Salat und Gemüse ernten, Beete hacken, Unkraut jäten, verwelkte Blumen abschneiden, die Hecke stutzen, Gras mähen, den Kompost schichten, die Kannen füllen und gießen – wie diese Arbeiten sich natürlich wiederholten, kam mir auch die Wiederholung der anderen Aktivitäten natürlich vor. Auch die immer gleichen Abende am Tisch unter der Lampe gehörten zu dem natürlichen Rhythmus der Ferien.

In der Erinnerung sind die Ferien eine Zeit des ruhigen, tiefen Ein- und Ausatmens. Sie sind die Verheißung eines Lebens des Gleichmaßes. Eines Lebens der Wiederholung, in dem das Gleiche immer wieder und nur ein kleines bisschen anders passiert. Eines Lebens am Wasser, dessen Wellen gleichmäßig anrollen, eine um die andere und doch keine ganz wie die Letzte.

10

Ein Sommer war anders als die anderen. Einen Sommer lang hatte ich eine Spielgefährtin. Ein Mädchen aus einem kleinen Dorf im Tessin verbrachte die Ferien bei seiner Großtante im Nachbarhaus. Das ging nicht gut. Die Großtante, kränkelnd und schlecht zu Fuß, hatte sich vorgestellt, ihre Großnichte würde ihr vorlesen, mit ihr Patience legen und sticken wollen. Die Großnichte hatte sich auf die nahe große Stadt gefreut. Außerdem konnte die Großtante kaum Italienisch und die Großnichte kaum Deutsch.

Dabei hatte Lucia die Gabe, den Sprachunterschied einfach zu vernachlässigen. Als sie mich durch den Zaun auf Italienisch ansprach und ich auf Deutsch antwortete, ich verstünde sie nicht, redete sie weiter, als hätte ich das von ihr eröffnete Gespräch sinnvoll aufgegriffen. Dann schwieg sie und wartete, bis ich etwas über die Schule sagte, auf der ich Latein lernte, und redete weiter. Sie strahlte mich so hoffnungsvoll und ermunternd an, dass auch ich weiterredete; ich erzählte, was mir einfiel, und versuchte schließlich, aus den lateinischen Vokabeln, die ich in zwei Jahren gelernt hatte, italienische Wörter zu formen. Sie lachte, und ich lachte mit.

Dann kam der Großvater, redete auf Italienisch zu ihr, und aus ihr sprudelte es zurück, Sätze, Lacher, Jauchzer, das schiere Glück. Ihre Wangen glühten, ihre dunklen Augen leuchteten, und wenn sie lachend den Kopf schüttelte, schwang ihr braunes, lockiges Haar. Mich überfiel ein Gefühl, bei dem ich noch nicht wusste, was es ist und wie es heißt, aber merkte, welche Wucht es hat. Der schöne gemeinsame Augenblick war entwertet. Lucia hatte ihn verraten, ich hatte mich blamiert. Ich habe die Peinigung der Eifersucht später stärker erlebt. Aber ich war ihr nie so hilflos ausgesetzt wie bei diesem ersten Mal.

Sie ging vorbei. Bei den Unternehmungen dieses Sommers, auf die der Großvater und ich Lucia mitnahmen, ließ sie mich immer wissen, dass sie und ich zusammengehörten, sosehr sie und Großvater auch auf Italienisch miteinander flirteten. »Sie hat euch beide verzaubert«, lächelte die Großmutter, wenn Großvater und ich uns für eine Unternehmung mit Lucia schönmachten. Auf die Schiffsfahrt auf die Ufenau kam die Großmutter, wie jedes Jahr, mit; sie liebte Conrad Ferdinand Meyer, kannte die vielen hundert zweizeiligen Strophen seines Gedichts »Huttens letzte Tage« auswendig und feierte auf der Insel ihre Vertrautheit mit dem Dichter und mit dem Gedicht und der Dichtung überhaupt. Auch sie ließ sich von Lucia verzaubern, von ihrer Bewunderung, ihrer Zutraulichkeit, ihrer Fröhlichkeit. Als auf der Heimfahrt Lucia und ich ihnen gegenübersaßen, nahm der Großvater die Hand der Großmutter – die einzige Zärtlichkeit, die ich je zwischen ihnen sah. Heute frage ich mich, ob sie sich vergebens eine Tochter gewünscht oder vielleicht sogar eine Tochter verloren hatten. Damals war ich einfach glücklich; der Tag auf der Insel war schön gewesen, der Abend auf dem See war schön, die Großeltern hatten sich und uns lieb, und Lucia hatte meine Hand genommen.

Habe ich sie geliebt? Ich hatte von der Liebe ebensowenig einen Begriff wie von der Eifersucht. Ich freute mich auf Lucia, hatte Sehnsucht nach ihr, war enttäuscht, wenn wir uns sehen wollten, aber nicht konnten, war glücklich, wenn sie glücklich war, und unglücklich, wenn sie unglücklich und mehr noch, wenn sie ärgerlich war. Ihr Ärger konnte von einem Moment auf den anderen aufflammen. Wenn ihr etwas nicht gelang, wenn ich sie nicht verstand oder sie mich nicht, wenn ich zu ihr nicht so aufmerksam war, wie sie es erwartete. Oft fand ich ihren Ärger nicht gerecht, aber über Gerechtigkeit zu streiten, war sprachlich aussichtslos, obwohl ich aus iustitia richtig giustizia gemacht hatte. Ich glaube, Lucia war an Diskussionen über Gerechtigkeit ohnehin nicht interessiert. Ich lernte, ihre Fröhlichkeit und ihren Ärger wie das Wetter zu nehmen, mit dem man auch nicht rechten, sondern das man nur beglückt oder betrübt hinnehmen kann.

Wir hatten nur wenig Zeit für uns allein. Lucia musste mit ihrer Großtante Patience legen und sticken, sie musste ihr den Kopf und die Füße massieren, und sie musste ihr zuhören. »Wenn sie mich schon nicht verstehen kann, soll sie mir wenigstens zuhören«, sagte die Großtante zu meiner vergebens um Verständnis für Lucia werbenden Großmutter. Lucia wollte möglichst viel von dem mitmachen, was Großvater und ich machten, von Spaziergängen, Wanderungen und Ausflügen bis zur Arbeit im Garten. Sogar beim Pferdeäpfeleinsammeln war sie einmal dabei. Manchmal saßen wir im Baumhaus, das wir mit Großvaters Hilfe im Apfelbaum gebaut hatten. Aber wie stets war das Bauen schöner gewesen als das Spielen im fertigen Haus, und außerdem litten wir unter unserem Sprachproblem weniger, wenn wir in Aktion waren. Wir haben auch am Ende der Ferien keine Adressen ausgetauscht. Was sollten wir mit ihnen?

Auch von der Schönheit hatte ich keinen Begriff. Lucias Lebendigkeit, ihre Aufmerksamkeit, ihre Zugewandtheit, ihre tanzenden Locken, ihre Augen, ihr Blick, ihr Mund, ihr perlendes, sprudelndes, glucksendes Lachen, ihr Witz, ihr Ernst, ihre Tränen – es war alles eins, und ich konnte es nicht in Wesensart, Verhaltensweisen und Aussehen auseinanderlegen.

Nur Lucias Grübchen hatte für mich eine eigene, besondere Faszination. Dass die Stirn über dem inneren Ende der linken Braue immer so glatt sein und auf einmal ein Grübchen zeigen konnte. Es war ein Grübchen der Ratlosigkeit, der Verlegenheit, der Enttäuschung und der Traurigkeit. Es rührte mich, weil es zu mir sprach, wenn Lucia nicht mit mir sprechen wollte oder konnte. Auch wenn sie ärgerlich war, tauchte es auf und freute mich, so unglücklich mich ihr Ärger machte und so bedacht ich war, ihn nicht durch ein Zeichen der Freude zu steigern.

Als ich mich ein paar Jahre später in eine Klassenkameradin verliebte, hatte ich einen Begriff von Schönheit, Liebe und Eifersucht, und hinter dem, was ich erlebte, trat die begrifflose Erfahrung mit Lucia ganz zurück. Ich hatte das Gefühl, ich verliebte mich das erste Mal. Ich vergaß sogar Lucias Abschiedsgeschenk.

Am Morgen des letzten Tages vor ihrer Abreise besuchte sie die Großeltern und mich im Garten und half uns ein bisschen, wie sie das manchmal getan hatte. Sie nahm Abschied vom Garten und auch von den Großeltern; den Tag musste sie mit ihrer Großtante verbringen, und am nächsten Morgen würde es nur noch für ein kurzes Lebewohl reichen. Als ich sie nach Hause brachte, zeigte sie mir eine Tür, die vom Garten über wenige Stufen in den Keller führte. »Komm um sechs, ich mache die Tür auf.«

Es war die Tür zur Waschküche. Als ich sie aufgemacht hatte, gerade so weit, dass ich hineinschlüpfen konnte, und sofort wieder zu, sah ich den großen kupfernen Waschkessel, Wannen und Eimer, Waschbrett und Wäschestampfer und roch den frischen Geruch gewaschener Wäsche. An gespannten Leinen hingen weiße Betttücher. Die beiden

Fenster waren groß, aber ihre über und über mit Wein bewachsenen Gitter ließen nicht viel Licht hinein. Alles lag in grünem Dämmer.

Lucia erwartete mich. Sie stand an der anderen Seite des Raums, hielt den Finger vor die Lippen, und ich sagte nichts und bewegte mich nicht. Wir sahen uns an, dann bückte sie sich, griff mit beiden Händen den Saum ihres Rocks, hob ihn hoch und zeigte mir ihr Geschlecht. Auffordernd hob sie den Kopf, und ich verstand, öffnete den Gürtel und die Knöpfe meiner kurzen Hose, schob sie mit der Unterhose die Beine hinunter und richtete mich auf. Mein Geschlecht hatte sich noch nie geregt und regte sich auch jetzt nicht. Anders als Lucia hatte ich auch noch keine Schamhaare. Aber ich stand mit heißem Gesicht und klopfendem Herzen und einem Verlangen, das mich ganz und gar ergriff, auch wenn ich nicht wusste, worauf es sich richtete.

Wir standen uns eine Weile bewegungslos gegenüber. Dann lächelte Lucia, ließ mit der rechten Hand den Rock los und kam zu mir. Mit der linken hielt sie weiter den Rock, und so zeigte sie immer noch ein bisschen nackten Bauch und nackten Schenkel und Geschlecht, und ich konnte mich nicht entscheiden, ob ich darauf schauen sollte oder in ihr Gesicht, in dem ich etwas fand, das ähnlich erregend war wie ihre Nacktheit. Als sie bei mir war, nahm sie mit der rechten Hand meinen Kopf, drückte kurz ihren Mund auf meinen und ließ meinen Körper einen Hauch ihres Körpers spüren. Dann drehte sie sich um und verschwand durch die andere Tür ins Haus, ehe ich zu mir kam. Ich hörte sie noch den Gang entlang und die Treppe hinaufrennen und eine weitere Tür öffnen und schließen.

11

Fing ich danach an, die verbotenen Rückseiten der Druckvorlagen zu lesen? Hatte der Roman, den ich mit Lucia erlebt hatte, meine Lust auf Romane geweckt? Oder geschah
es erst später und einfach aus Langeweile? Während einer
öden Schulstunde? Lustlos über den Hausaufgaben? Auf
einer Bahnfahrt, bei der ich keine andere Lektüre dabei-
hatte? Als ich dreizehn war, zog meine Mutter mit mir aus
der Stadt in ein Dorf, wo sie ein kleines Haus gekauft hatte,
und ich musste mit der Bahn zur Schule fahren.

Der erste Roman, den ich las, handelte von einem deutschen Soldaten, der aus russischer Gefangenschaft geflohen
war und auf dem Weg in die Heimat viele Gefahren bestanden hatte. Seine Gefahren und Abenteuer hatte ich bald
wieder vergessen. Aber nicht seine Heimkehr. Er schafft es
nach Deutschland, findet die Stadt, in der seine Frau lebt,
findet das Haus, findet die Wohnung. Er klingelt, und die
Tür öffnet sich. Seine Frau steht da, so schön und so jung,
wie er sie die langen Jahre des Kriegs und der Gefangenschaft in Erinnerung hatte, nein, noch schöner und wenn
vielleicht ein bisschen älter, dann einfach erblüht, weiblicher, fraulicher. Aber sie sieht ihn nicht freudig an, sondern
entsetzt wie einen Geist, und auf dem Arm trägt sie ein
kleines Mädchen, keine zwei Jahre alt, und ein anderes, äl-
teres schmiegt sich an sie und schaut verschämt hinter ihrer
Schürze hervor, und neben ihr und den Arm um sie gelegt
steht ein Mann.

Kämpfen die Männer um die Frau? Kennen sie sich

schon? Begegnen sie sich zum ersten Mal? Hat der, der den Arm um die Frau gelegt hat, sie getäuscht und ihr gesagt, der andere sei gefallen? Oder hat er sich sogar als der andere ausgegeben, schon aus Krieg oder Gefangenschaft zurückgekehrt? Hat die Frau sich leichten Herzens in ihn verliebt und in ein neues Glück fallen lassen? Oder hat sie ihn ohne Liebe aus Not genommen, weil sie ohne ihn die Flucht nicht bestanden hätte und den neuen Anfang nicht bestünde? Weil sie einen Mann braucht, der für sie und ihre erste Tochter sorgt? Ihre erste Tocher, die gar nicht die Tochter des neuen, sondern des ersten Manns ist, der abgerissen, ungläubig, verzweifelt vor ihr steht?

Ich erfuhr es nicht. Ich hatte den Block, auf den die Vorlage gedruckt war, schon in Gebrauch gehabt und die ersten freien Seiten schon abgerissen und weggeworfen. Die ersten freien Seiten – es waren die letzten Seiten des Romans.

12

Ich wollte das Ende des Romans im nächsten Sommer nachlesen. Ich hatte die letzten Seiten weggeworfen, aber die erste mit Autor und Titel war erhalten. Ich wusste, dass die Großeltern im Schlafzimmer die komplette Reihe aufbewahrten; sie füllte Fach um Fach eines schmalen, hohen Regals.

Ich dachte, die Suche könne nicht schwierig werden. Zwar trugen die Druckvorlagen nicht die Nummern, unter denen die Hefte erschienen und nach denen sie im Regal geordnet waren, aber da ich die Druckvorlage im letzten

Sommer bekommen hatte und monatlich zwei Hefte erschienen, erwartete ich, den Roman unter den letzten vierundzwanzig Heften zu finden. Aber ich fand ihn nicht. Da ich wusste, dass die Großeltern manchmal die Titel änderten, suchte ich auch nach dem Autor, und als ich dabei ebenfalls erfolglos blieb, verdächtigte ich sie, wie die Titel auch die Namen der Autoren zu ändern, und suchte nach dem Anfang des Romans. Aber ich fand nicht den Titel, nicht den Autor und nicht den Anfang des Romans. Auch als ich die Suche auf frühere Hefte ausdehnte und ein Heft nach dem anderen hervorzog und aufschlug, fand ich den Roman nicht. Allerdings bin ich nicht alle rund 400 Hefte durchgegangen. Nach der ersten sonnigen Ferienwoche regnete es bis zum Ferienende. Die Großeltern arbeiteten nicht mehr im Garten, und ich konnte nicht mehr unter einem Vorwand hochlaufen, mich in ihr Schlafzimmer stehlen und an die Suche machen.

Im Sommer drauf hatte ich den Roman vergessen. Es war das letzte Mal, dass ich die ganzen Ferien bei den Großeltern verbrachte. Die Freunde und Freundinnen machten gemeinsame Reisen oder gingen im Austausch nach England oder Frankreich. Ich war gefragt worden, ob ich auf eine Fahrradtour mitkommen wolle. Ich konnte es mir nicht leisten. Zwar trug ich seit einem halben Jahr Zeitschriften aus und verdiente nicht schlecht. Aber ich brauchte das Geld. Ich musste für Kleidung und Bücher selbst sorgen; meine Mutter hatte sich mit dem Kauf des Hauses übernommen.

Ich war enttäuscht, nicht mit den anderen verreisen zu können. Zugleich freute ich mich auf die Ferien bei den Großeltern. Wenn meine Mutter in mir noch ein Kind sehen und mich erziehen wollte, ärgerte es mich. Bei den Großeltern genoss ich, als Kind behandelt zu werden, das sein darf, wie es ist, und dabei ernst genommen und lieb gehabt wird. Ich freute mich darauf, in meinem Bett unter Stückelbergs »Mädchen mit der Eidechse« aufzuwachen, der Großmutter beim Kochen zu helfen und sie dabei um ein Gedicht zu bitten, den Großvater von den in die Welt zerstreuten Deutschen zurück in die Küche zu holen und am Abend mit beiden um den hellen Tisch zu sitzen. Ich freute mich auf den Duft von Großmutters Eau de Toilette im Badezimmer, die Zimmerlinde in Großvaters Arbeitszimmer, das Geschirr mit den roten Blüten am Rand, das Besteck mit den elfenbeinernen Griffen, die große Käseglocke. Ich freute mich auf die Sommerstille, die Sommergeräusche und -gerüche.

Entsprechend intensiv habe ich alles erlebt. Viele Erinnerungen an Haus und Garten, Ort, See und Landschaft nehmen ihre Bilder von diesem letzten Sommer.

Während des Studiums waren meine Besuche bei den Großeltern kurz, ein paar Tage vor oder nach Weihnachten, ein paar nach dem Ende des Sommer- oder vor dem Beginn des Wintersemesters. Ich schickte Großvater meine Arbeiten, von denen ich dachte, sie könnten ihn interessieren. Er schrieb umgehend einen anerkennenden Brief; die kritischen Fragen, die er reichlich hatte, hob er auf, bis wir uns wieder trafen. Er sammelte Zeitungsausschnitte für mich, vor allem über die Deutschen in Schlesien, Siebenbürgen und Kasachstan, denen ich seiner Meinung nach nicht genug Aufmerksamkeit widmete. Einmal im Semester kam ein Päckchen mit einem Bündel Zeitungsausschnitte, Apfelschnitzen, die die Großmutter für mich getrocknet hatte, und einem Fünfmarkschein.

13

Im Winter vor meinem Examen hatte ich Angst, mit der Vorbereitung nicht fertig zu werden, und wollte den Weihnachtsbesuch ausfallen lassen. Aber die Großeltern schrieben, ich müsse kommen. Ich müsse nicht lange bleiben, aber kommen. Es eile.

Sie hatten ihre Wohnung immer ordentlich gehalten. Bei diesem letzten Besuch war die Ordnung beklemmend. Die Großeltern hatten sich von allem getrennt, was sie nicht dringend brauchten und woran nach ihrer Einschätzung auch ich, ihr einziger Enkel, kein Interesse haben würde. Sie wollten nicht ins Altersheim gehen. Sie wollten die Wohnung behalten. Aber sie bereiteten sich aufs Sterben vor und wollten nichts Überflüssiges, nichts Unwesentliches um sich haben.

Sie gingen mit mir von Zimmer zu Zimmer und fragten mich, was ich haben wolle. Mancher vertraute Gegenstand fehlte schon, und die Schränke, die sie öffneten, und die Regale waren halb leer. Alles wollte ich haben, an allem hingen Erinnerungen, und alles, was die Großeltern meinetwegen behalten würden, würde sie im Leben halten. Aber in der Nüchternheit, mit der sie sich aufs Sterben vorbereiteten, machten sie mir klar, dass ich nur weniges nehmen könne. Auf Jahre würde ich als Student und Referendar keine große Wohnung haben und mir auch nicht die Miete für

Stellfläche im Möbellager leisten können. Ich könne nur brauchen, was in ein Zimmer passe. Vielleicht Großvaters Schreibtisch und Sessel? Seine historischen Bücher? Großmutters Gotthelf, Keller und Meyer? Das Bild der Spinnerei, die der Großvater geleitet hatte? Ich hatte einen Kloß im Hals, konnte nicht sprechen und nickte zu allem.

Die »Romane zur Freude und zur guten Unterhaltung« waren noch da. Aber die Großeltern schlugen sie mir nicht vor, und ich bat sie nicht darum. Sie hätten sie mir sicher gegeben. Ich hätte ihnen auch gestehen können, dass ich seinerzeit ihre Ermahnung übertreten und zuerst den Roman vom heimkehrenden Soldaten und danach weitere Romane gelesen hatte. Sie waren, nachdem sie die Redaktion der Hefte abgegeben hatten und die Reihe eingestellt wurde, stolz auf ihre Romane, die der Lektor der Kiosk AG in Bern immer wieder als die besten ihrer Art gelobt hatte. Außerdem waren sie in ihrer Sterbensnüchternheit eigentümlich heiter. Ich war an diesen Nachweihnachtstagen bei ihnen oft den Tränen nahe, nicht sie.

Als ich abreiste, brachte mich der Großvater auf den Bahnhof in der großen Stadt, wie immer. Wie immer suchte er für mich den richtigen Waggon und das richtige Abteil, den Waggon in der Mitte des Zugs, weil es da bei Zusammenstößen besonders sicher sei, und das Abteil mit einer Dame gesetzten Alters, der er mich als seinen Enkel vorstellte, der auf der Fahrt nach Hause sei und auf den sie ein Auge haben möge. Wie immer duldete er nicht, dass ich ihn nach der Abschiedsumarmung auf den Bahnsteig begleitete. Ich lehnte mich aus dem Fenster und sah ihn aus dem Zug steigen und den Bahnsteig entlanggehen. Am

Ende des Bahnsteigs drehte er sich um, winkte mir zu, und ich winkte zurück.

Wenige Wochen später wurden die Großeltern von einem Auto angefahren. Sie hatten im Dorf eingekauft und waren auf dem Heimweg. Der Fahrer war betrunken und geriet auf den Bürgersteig. Die Großmutter starb, noch ehe der Krankenwagen kam, der Großvater starb im Krankenhaus. Er starb kurz nach Mitternacht, aber ich entschied, dass auf ihren gemeinsamen Grabstein für beide dasselbe Todesdatum gehörte.

STEFAN HERTMANS
Kopfstand

Es muss ein Nikolausmorgen Ende der fünfziger Jahre gewesen sein, als ich auf dem mit Mandarinen, Spekulatius und Schokoladenfiguren überladenen Tisch ein wunderschönes kleines Holzflugzeug fand. Es war ein Doppeldecker, dessen Rumpf blau, die Flügel rot und das Seitenleitwerk gelbschwarz angemalt waren. Die Räder waren in raffinierter Weise aus zwei alten Münzen gefertigt, den damaligen großen belgischen Fünfundzwanzig-Centimes-Stücken, die in der Mitte ein Loch hatten. Dadurch eigneten sie sich besonders gut dazu, mit Hilfe eines dünnen Stäbchens und zweier Klemmen am Rumpf befestigt zu werden. Das Flugzeug selbst war etwas unbeholfen mit einer Laubsäge ausgesägt und danach glattgeschliffen worden. Es lag nur an meinem unerschütterlichen Glauben an den Nikolaus, dass ich mich nicht bei meinem Großvater dafür bedankt habe – und damit für die große Sorgfalt und Liebe, die er in die Bastelarbeit gesteckt hatte. Ich weiß nicht, wo es geblieben ist. Ich nehme an, es liegt in einem der Pflanzentröge im Wintergarten begraben, eines der Räder ist verloren, ein Flügel geborsten, von Schnur umwickelt, und ein Nagel ragt heraus, als wäre er ein abgebrochenes Bein. Einmal träumte ich so klar, wie nur ein Traum über die Kindheit sein kann, von diesem Flugzeug und sah jedes

Detail vor mir. Es trug eine Aufschrift, die mir beim Erwachen noch gegenwärtig war: DK 100710. Ich notierte mir die Zahlen und Buchstaben und vergaß sie wieder.

Als ich während der Lektüre der Aufzeichnungen meines Großvaters einige Angaben überprüfte, stieß ich dann auf das genaue Datum, an dem der Flugpionier Daniel Kinet abgestürzt war: Es war der 10. Juli 1910. DK 100710! Mein Spielzeugflugzeug hatte also einen geheimen, doch konkret fassbaren Code getragen – den Code seiner Erinnerung an den heldenhaften belgischen Flugpionier und an den Tag seiner Mädchen-Epiphanie am Tümpel! Je mehr Dinge ich in Erfahrung brachte, desto häufiger musste ich mir eingestehen, dass ich über meinen Großvater herzlich wenig wusste.

Auf ganz ähnliche Weise warfen die Aufzeichnungen meines Großvaters noch öfter ein erhellendes Licht auf Spuren, die er in meiner Erinnerung hinterlassen hatte, und ich begann, immer mehr Zeichen zu verstehen. Die erste Zigarette, die ich jemals rauchte, war ein ovales, gelbliches, altes, stinkendes Ding gewesen, das ich in einem flachen Silberetui in der Schublade seines Frisiertischs gefunden hatte. Ich war fünfzehn und wollte endlich auch mal eine Zigarette rauchen. Zu diesem Zweck stahl ich mich mit meiner Beute in den Garten und versteckte mich im Gebüsch. Doch ich hatte die merkwürdige Zigarette noch nicht mal zur Hälfte aufgeraucht, als mir sterbensschlecht wurde und ich anfing zu kotzen. Seine Notizen belehrten mich nun, dass das silberne Zigarettenetui ein Geschenk der geheimnisvollen Mrs Lamb in Windermere gewesen war. Wie einen Fetisch hatte er es bewahrt und nie angerührt, denn meines Wissens hat er nie geraucht. Und ich erfuhr auch, dass der Schal, in den sich meine kleine Schwester zur selben Zeit ständig hüllte, jener Schal war, den diese Frau für ihn gestrickt hatte, als er zur Front zurückmusste. Von diesem Schal hatte er uns allerdings oft erzählt, wobei er inzwischen mythische Dimensionen angenommen hatte und bei jedem erneuten Erzählen länger wurde. Und trotzdem ließ er den Schal selbst in einer Schublade vor sich hin gammeln. Auch das sagte einiges darüber aus, wie er mit einer Vergangenheit umging, die ihn nicht loslassen wollte. Durch die Lektüre seiner Aufzeichnungen wurde mir klar, wie sehr meine Kindheit angefüllt war mit Spuren, die ich nicht hatte lesen können. Indem ich nun meine Erinnerung mit seinen Erinnerungen verknüpfte, konnte ich damit beginnen, die ganze Geschichte zu rekonstruieren, wenn auch in recht bescheidener Form: Das Ergebnis konnte nur eine unzulängliche Rekonstruktion sein und damit auch nur eine unbefriedigende »Wiedergutmachung« meiner ehemaligen grenzenlosen Unwissenheit.

*

Und dann dieses Bild. Die Szene scheint sich direkt vor meinen Augen abzuspielen: ein Frühlingstag, April nehme ich an, das Licht ist weiß und die Sonne noch lange nicht auf ihrem Höhepunkt, es muss Vormittag sein. Mein Großvater steht auf dem Metalldeckel der Regenwassergrube und erklärt mir gerade, was es bedeutet, Soldat zu sein. Ich, so sagt er, hätte noch viel zu lernen. Ich bohre in der Nase, während ich ihn voller Ehrfurcht anblicke. Aus heiterem

Himmel frage ich ihn: »Großvater, kannst du noch auf dem Kopf stehen?« Er mustert mich kurz mit strengem Blick, seufzt, nimmt seinen Hut ab und legt ihn auf die Bank vor der kleinen Mauer, und hopp!, das Wunder vollzieht sich: Der siebzigjährige Mann schwingt sich elegant in den Kopfstand, der Kittel fällt ihm vor die Augen, aber er lässt sich dadurch nicht stören. »Schau!«, höre ich ihn gedämpft sagen, und er hebt eine Hand, sodass sein Körper jetzt nur noch auf einer einzigen Hand und dem fast kahlen Schädel ruht. Ich sehe, wie seine Hosenbeine langsam herabrutschen und die weißen Unterschenkel wie Stecken in die Luft ragen, die Füße etwas abgewinkelt, die Beine gespreizt. Noch bevor ich mich von meiner Verblüffung erholen kann, steht er schon wieder vor mir, klopft sich den Staub von den Händen, setzt den Hut auf und sagt mit einem etwas rot angelaufenen Kopf: »Man kann alles, man muss nur wollen!« Ich nicke schweigend bei den Worten des Helden meiner Kinderjahre und trolle mich verlegen. Er wolle Hecken schneiden, sagt er noch und verschwindet pfeifend im Garten.

*

Obwohl ich in den achtziger Jahren öfter Weltkriegsgedenkstätten wie das *Talbot House* im westflämischen Poperinge, endlose Soldatenfriedhöfe wie den Tyne Cot Commonwealth War Graves Cemetery unweit von Passendale besucht oder grauenerregende Berichte über die Schlacht an der Somme gelesen hatte – was man damals tat, um sich an den Gesprächen über den Ersten Weltkrieg im Westhoek beteiligen zu können –, habe ich mich in den letzten Jahren davor gescheut, Kriegsdenkmäler, Kriegsgräber oder ähnliche Einrichtungen zu besuchen. Zudem waren mir die rekonstruierten Schützengräben, die für den historisch interessierten Besucher alles so echt wie möglich darstellen wollen, suspekt. Was für einen Sinn hat es, dachte ich mir, die Brücke von Tervate zu besuchen, Stuivekenskerke oder die Polder, in denen noch zahllose Blindgänger vor sich hin rosten, wo ich doch weiß, dass mich nichts seinen Erlebnissen näher bringen kann als die alten Hefte auf meinem Schreibtisch?

Doch dann besuchte ich mit meinem Sohn das Kriegsmuseum der Zitadelle von Dinant und kam dabei eine halbe Stunde lang den Erfahrungen meines Großvaters beängstigend nahe.

*

Den nachgebauten Schützengräben gelang es, eine erdrückende Atmosphäre zu schaffen und mir eine Vorstellung zu geben vom Soldatenleben im Krieg, naiv, aber wirkungsvoll – bei schummriger Beleuchtung suchte ich mir in einem tristen Raum einen Weg, plötzlich hatte ich das Gefühl, mich den tastenden Schritten meines Großvaters anzuschließen, berührte mit den Händen einbetonierte Sandsäcke, sah die Gräben, die Gewehre, die wenig lebensechten Soldatenpuppen. Es roch so stickig, wie es nur in einem historischen Museum riechen kann, das blasse Licht nackter Glühbirnen warf traurige Schatten auf den künstlichen Schützengraben. Mir war, als legte ich den Weg ins

Totenreich zurück, gegen den Strom, und die Eurydike der Erinnerung erhob sich und nahm mich bei der Hand. Und so kann ich kein Gemälde mehr betrachten, keine Worte lesen, ohne, wie Nietzsche es in seinem *Antichrist* ausdrückt, »Gebärden zu sehen«, weil ich verstehe, dass es nicht um ein Buch der Unschuld geht, sondern darum, im Bewusstsein der historischen Schuld zu lesen, die mein eigenes Leben berührt.

*

Es ist still im Saal der Erinnerung. Vorsichtig und schweigsam schlendere ich darin umher wie ein Mann in einem imaginären Museum: Die Hände auf den Rücken gelegt, hinter mir geht eine Frau vorbei und fächelt sich mit einem Museumsprospekt Luft zu, ohne auf den merkwürdigen Mann zu achten, der mit einem schafsartigen Lächeln auf dem Gesicht die Brille abnimmt, sich dem Gemälde zuneigt, sich gedankenverloren fast die Nase auf der alten Leinwand im abbröckelnden Goldrahmen plattdrückt und plötzlich noch breiter lächelt, weil er ein Detail entdeckt hat, das nur er sehen kann. Langsam wende ich mich den letzten beiden Gemälden der Sammlung zu: dem ergreifenden Porträt von Gabrielle und dem geheimen Nacktporträt ihrer Schwester.

Gabrielles Porträt, das er auf der Grundlage des kleinen Schwarzweißfotos auf ihrem Sterbebild malte, ist von fast klassischer Anmutung und kann es durchaus aufnehmen mit den besten Frauenporträts des Realismus. Sie hat ihre schwarze Mantille über die grauen Haare drapiert, trägt das graue Jäckchen und eine Bluse aus weißer Spitze, die sie mit ihrer Elfenbeinkamee geschlossen hält. Ihr Blick ist auf den Betrachter gerichtet: vollkommen friedlich und in sich selbst ruhend. Es ist ihr Blick aus den friedlichen Tagen, als ihr Glück darin bestand, auf der Gartenbank zu sitzen und sich an den ganz alltäglichen Dingen um sie herum zu erfreuen. Der Hauptton ist goldglänzend, als ruhte das Licht der untergehenden Sonne auf ihrem Gesicht.

Dass er sie so idealisiert dargestellt hat, ist ein Beweis der Liebe und Zuneigung für sie, aber auch das Zeichen von Gleichmut und einer am Ende erlangten Harmonie. Das ist nicht selbstverständlich, zieht man die Art und Weise in Betracht, wie sie gestorben ist. Ein Jahr vor ihrem Tod erlitt Gabrielle einen Schlaganfall, von dem sie sich nur langsam wieder erholte. Er hatte sie in einen kindlichen Zustand zurückversetzt, sie musste wieder laufen, essen, sprechen lernen. Mein Großvater kümmerte sich sorgsam und hingebungsvoll um sie, versorgte sie, wusch sie, kleidete sie an – jetzt musste sie ihre Prüderie ablegen, notgedrungen, jetzt, wo es für jede Erfüllung körperlicher Intimität zu spät war. Er brachte ihr mit unermüdlicher Geduld bei, wieder auf eigenen Beinen zu stehen, die ersten Schritte zu machen, als wäre sie sein zweites, zu spät geborenes Kind. Trotz der deutlichen Beeinträchtigung ihres Denk- und Sprachvermögens war sie zuletzt doch eine recht frohe, ruhige und stille alte Frau, die vor sich hin döste und deutlich machen konnte, dass es gut war, so wie es war, mit ihr. Eines Morgens hatte sie einen zweiten Hirnschlag. Sie saß im Stuhl beim Fenster, wo sie oft saß, sperrte plötzlich die Augen weit auf, die Adern an ihrem Hals schwollen gefährlich an,

Hals und Gesicht wurden blau, sie griff sich röchelnd an die Kehle, stürzte zu Boden. Die Panik, die meine Mutter und meinen Großvater erfasste, hinterließ einen tiefen Eindruck bei mir. Vor Entsetzen unfähig, mich zu bewegen, stand ich da und starrte, bis meine Mutter mich zur Tür hinausschob und in die Schule schickte. Mein ganzes Leben lang habe ich dieses Bild nicht vergessen können. Es war auch mein letztes Bild von meiner Großmutter, denn als ich am Nachmittag nach Hause kam, war sie ins Krankenhaus eingeliefert worden, wo sie einige Tage später starb.

Jedes Mal, wenn ich mein Elternhaus besuche, blickt mich dieses souveräne Porträt in seiner Stille an. Es widerspricht meiner tragischen Erinnerung an sie, doch mein Großvater hat sie darin ausgesprochen gut getroffen, sie sieht aus, als wollte sie gerade etwas sagen.

HANS FALLADA

Großmutter

Von den vier Großelternteilen, die jedem vom Weibe Geborenen zustehen, hatte der Himmel mir für meine Kinderjahre nur die Mutter meiner Mutter aufgespart. Die drei andern waren schon verstorben, ehe mein Gedächtnis auch nur die Spur einer Erinnerung an sie aufgenommen hatte. Aber dafür hatte es die uns verbliebene Großmutter auch in sich. Sie war eine Großmutter, wie sie eigentlich nur im Märchenbuch steht, es war, als habe sie alle Großelterneigenschaften der dahingegangenen drei in sich versammelt und strahle sie nun unermüdlich aus, in Fürsorge, Geduld und Liebe für alle ihre Enkelkinder, deren sie viele hatte.

Natürlich ist uns Kindern Großmutter immer uralt vorgekommen. Wie alle Kinder konnte ich kaum Unterschiede im Alter sehen, zwischen dreißig, vierzig und fünfzig Jahren sahen mir alle eigentlich gleich alt aus. Aber dass Großmutter uralt war, viel viel älter als Vater und Mutter, das sah ich doch. Sie ist mir in der Erinnerung als eine kleine, rasch bewegliche Frau, immer in Schwarz gekleidet, mit einem Häubchen aus schwarzen Spitzen und schwarzem Schmelz auf dem ach! so dünnen weißen Scheitel. Sie hatte eine helle, hohe Zwitscherstimme – wenn Großmutter sprach, klang es eigentlich immer, als sänge ein Vogel. Erzählte

Großmutter Märchen, so wurde ich es schon wegen dieser Stimme nicht müde, ihr zuzuhören.

Später entdeckten wir Kinder, dass Großmutter nicht nur zwitscherte, sondern dass ihre Sprache auch eine andere Färbung hatte als bei allen andern, die wir kannten. Großmutter sprach nämlich Hannöversch, und wenn auch, nach Ansicht der Hannoveraner, sie, nämlich die Hannoveraner, das reinste Deutsch von der Welt sprechen, so war uns Kindern doch ihr spitzes »St« und das »A«, das nicht wie »A« klang, sondern wie eine Mischung aus »A«, »Ae« und »Oe«, eine Quelle unerschöpflicher Erheiterung. Wie oft nahten wir uns bei Spaziergängen nicht der Großmutter mit der Miene scheinheiligster Dienstbereitschaft: »Großmutter, dörfen wir nicht doinen Schöl trögen?«

Und die gute Großmutter, deren Herz nie für den Gedanken Raum hatte, ein Enkelkind könne sich einen Spaß mit ihr erlauben, antwortete ganz freundlich: »Danke, mein lieber Djunge, üch wüll den Schöl doch lüber umbehalten, es üst eun wenüg kühl.«

Worauf der Übeltäter mit verhaltenem Prusten zu seinen Geschwistern zurückkehrte. Wir warteten nur drei Minuten, dann wurde der nächste ausgesandt: »Großmutter, dörf üch vülleicht deinen Schöl trögen?« Und unverändert liebevoll kam der Dank.

Oder wir überboten uns darin, s–pitz zu s–prechen, wir wurden so s–pitz, dass unsere Zunge immer an einen s–pitzen S–tein s–tieß. Großmutter hörte es gar nicht. Oder, wenn sie es hörte, und sie hörte es vielleicht manchmal doch, so lächelte sie nur darüber; das waren so Kinderspäße, ihre Enkel waren alle Muster an Artigkeit!

Dieses schlichte, einfache, gütige Herz, diese Ahnungslosigkeit von allem Bösen in der Welt sind Großmutters Schutzwehr gewesen gegen all das Schwere, was das Leben ihr brachte. Es gab schließlich nichts Schlechtes und Schweres für sie mehr. Alles konnte ertragen werden, denn niemandem wurde mehr aufgeladen, als er tragen konnte. Dass dies aber bei ihr so sein konnte, das machte ein schlichtes, einfältiges Christentum, das in ihrem Herzen wohnte, ein unerschütterlicher Glaube, dass sich alles doch endlich zum Guten wenden würde. Großmutter hatte jenes Christentum, das nie Worte machte, nie andern lästig fiel, nie muckerisch war. Sie handelte wie eine Christin, aber sie sprach nie von Christentum.

Ihre Tochter, meine beiden Eltern hatten sich der Kirche entfremdet, und wir Kinder waren ihren Spuren gefolgt, vielleicht, sicher hat ihr das Kummer bereitet. Aber sie sprach nicht davon. Gott mochte wissen, warum er dies zuließ; nicht ihre Sache war es, sich einzumischen. Wenn sie bei uns auf Besuch war, gab sie wohl nichts von ihren Gewohnheiten auf, aber alles geschah ganz unauffällig. Unauffällig verschwand sie am Sonntagmorgen zu ihrem Kirchgang, unauffällig neigte sie beim Mittag- und Abendessen den Kopf, faltete die Hände und flüsterte leise ihr Tischgebet. Und ich muss sagen, so geneigt wir Kinder auch waren, über Großmutters kleine Eigentümlichkeiten uns lustig zu machen, so still verhielten wir uns bei ihrem Gebet. Kaum, dass wir dann einmal zu ihr hin zu schielen wagten. Allerdings hätte uns Vater auch auf diesem Gebiet nicht die kleinste Unart durchgelassen. Er gehörte zu jenen Menschen, die einen jeden auf seine Fasson selig werden lassen, und besonders Bevormundung in Glaubenssachen erschien ihm unerträglich. Er hat uns immer so erzogen, dass auch wir die abweichendsten Ansichten anderer achteten, oder, wenn wir sie nicht achten konnten, doch zu ihnen schwiegen.

Großmutter ist sehr alt geworden, wirklich so alt, wie ich sie mir damals als Kind dachte, trotzdem sie in jener Zeit eine Frau in den besten Jahren war. Im Jahre 1838 geboren, hat sie vier Kriege miterlebt: den dänischen, den österreichischen, den französischen, den Weltkrieg. Zu allen diesen Kriegen sind Söhne, Enkel und Urenkel ausgezogen. Sie hat ihnen Briefe geschrieben, sie hat ihnen Päckchen gesandt, sie strickte und backte, und wenn sie fielen, hat Großmutter um sie geweint. Aber sie tröstete sich rasch wieder. Sie hatte so viele sterben sehen, Geschwister und Kinder und Kindeskinder; sie war wohl allein noch aufbewahrt, eine Uralte. Aber wie groß war die Familie geworden, die von ihr ausging! Einundzwanzig Enkel zählte sie und schon zwölf Urenkel. Nein, sie musste sich nicht ängstigen, die Familie starb nicht aus. Das Blut war noch nicht müde, überall kämpfte es, drang vor, eroberte sich seinen Platz im Leben …

Es hat mich immer tief gerührt, dass sie, die von einer sehr kümmerlichen Pension als Pastorenwitwe lebte und viel zu stolz war, je eine Unterstützung von ihren Kindern anzunehmen, dass sie, die sich selbst kaum das Nötigste gönnte und sich mit eiserner Sparsamkeit einrichtete, einrichten musste, dass sie jedem von uns Enkel- und Urenkelkindern zu jedem Geburtstag und zu jedem Weihnachtsfest einen Taler sandte. Es sieht nicht nach viel aus, aber wenn man von dreihundert Talern im Jahre leben muss, und wenn man jedes Jahr zweimal dreißig Postanweisungen über einen Taler ausschreibt, dann ist es viel. Dann ist es viel zu viel, weil es ohne alles Aufheben aus dem Nötigsten geschenkt ist.

»Aber es macht mich doch so glücklich, Louise«, sagte sie, wenn Mutter einmal protestierte. »Wenn ich nicht mehr schenken kann, mag ich auch nicht mehr leben. Und die Kinder sollen doch auch merken, dass sie eine Großmutter haben.«

Vor mir liegen zwei Bilder der Großmutter. Das eine stellt sie als junge Frau, das andere als neunzigjährige Witwe dar. Im Äußern, was die Kleidung angeht, sind die Bilder einander sehr ähnlich. Auf beiden ist Großmutter schwarz gekleidet – sie hat ihr ganzes Leben lang nur Schwarz getragen, anders schickte es sich nicht für eine Pastorenfrau und Witwe. Auch das Häubchen ist beide Male da. Bei der jungen Frau ist es noch eine schwarze, vielfach verschlungene Samtschleife, die oben auf den Haaren sitzt und ein schleierartiges Gewebe festhält, das in den Nacken fällt. Und die alt gewordene trägt jenes Häubchen aus schwarzen Spitzen und schwarzem Schmelz, von dem ich schon sprach.

Aber das Gesicht, das Gesicht! Wie das Leben, selbst das schlichteste, demütigste, ganz der Liebe geweihte Leben, ein Gesicht verändern kann! Eine junge Frau mit einem starken Gesicht schaut mich an. Das Kinn ist fest, die nicht kleine Nase grade und bestimmt. Der leicht geschwungene Mund schließt fest die Lippen und hat doch etwas Liebenswürdiges, wie ein verborgenes Lächeln. Nur die Augen sehen ein wenig zu ernst aus. – Und nun das Bild der Greisin daneben, wüsste man es nicht, man glaubte nicht, dass es dasselbe, nur gealterte Gesicht ist. Der Mund hat sich auseinandergezogen, die Lippen sind ganz dünn geworden, das Kinn scheint kürzer und breiter. Es ist, als sei die starke Nase eingesunken, von allen Seiten sind die Falten und Runzeln gekommen, das Leben hat dies Fleisch mit unendlich vielen Furchen immer von neuem durchpflügt. Still Ertragenes, hier spricht es! Geheimer Kummer, hier liegt er am Tag. Verborgene Sorgen, nun sind sie aus dem Innern hervorgekommen! Ungesprochene Worte – der Mund scheint bitter von ihnen geworden. Aber die Augen, und das ist das Hinreißende, die Augen, die in der Jugend so ernst, fast traurig blickten, die Augen lächeln nun! Sie scheinen wohl kleiner geworden unter den schwer hängenden Lidern, über den dicken Wülsten der Tränensäcke, aber sie lächeln mit einer solchen Güte und Liebe, als habe der neunzig Jahre hindurch verschwenderisch ausgestreute Schatz an Liebe sich nicht vermindert, sondern vermehrt. Aus diesen Augen spricht der ewige Triumph des Geistes über das Fleisch, der Liebe über die Vergänglichkeit. Ein uraltes Gesicht, fast schon nicht mehr menschlich, sondern eher der verwitterten, von Flechten überzogenen Rinde alter Bäume gleichend, aber die Augen leuchten wie an jenem ersten Tag, da der Geist sich seiner bewusst ward.

Ein langes Leben liegt dazwischen, zwischen diesen beiden Gesichtern, ein nicht sehr von äußerem Glück begünstigtes Leben. Die Tochter eines Landpastors heiratet wieder einen Landpastor. Glückliche Jahre auf dem Lande, stille, anspruchslose Jahre mit Kindern und Acker und Vieh und einer kleinen armen Gemeinde in der Heide. Aber vielleicht ist dem Mann die Aufgabe zu einfach, er vernimmt einen Ruf. Er will nach Celle, zu den Letzten der Letzten will er. Er möchte der Seelsorger des Zuchthauses werden.

Er wird gewarnt. Er ist lang aufgeschossen und schwächlich, auf seinen Wangen blühten oft die Kirchhofsrosen, wie man damals noch sagte, aber man sagte es lieber nicht. Er hört nicht, sie ziehen nach Celle, sie wohnen im Zuchthaus. Es gibt ein altes Lied, in dem diese beiden Zeilen stehen:

»In Celle steht ein festes Haus,

Mit unserer Liebe ist es aus …«

Das feste Haus in Celle hat den Mann nicht halten können, er ging. Aber mit der Liebe war es darum nicht aus, die sechzig Jahre dauernde Witwenschaft beginnt. Als der Mann starb, waren fünf Kinder da, und die Pension war so kärglich! Das Schwerste musste geschehen und ertragen werden: drei der Kinder kamen aus dem Haus, zu gut gestellten Verwandten, unter ihnen meine Mutter. Mit einem Sohn und einer Tochter blieb die Witwe allein.

Ein Leben war zu Ende, das Frauenleben, die Gefährtin eines Mannes musste lernen, Witwe zu sein, nur noch für andere zu leben, nie mehr an sich zu denken. Wie viel Wünsche und Hoffnungen mussten da begraben werden! Das alte Gesicht spricht von ihnen. Drei Kinder in der Fremde – wie viel Sehnsucht und Sorgen – auch davon spricht das Gesicht. Stets kaum das nötigste Geld im Hause, wie viel ängstliches, kleines Sparen – auch das weiß das alte Gesicht zu erzählen. Aber das Herz bleibt, die Liebe siegt, aus den Kindern wird etwas. Nun gibt es schon Enkel, und an die Enkel denkt das alte junge Herz anders als an die Kinder –!

Ich habe es immer als eine grausame, als eine sinnlose

Härte empfunden, dass dies schlichte Herz nicht friedlich aufhören durfte zu schlagen. Diese stille Fromme glaubte in ihren letzten Lebensmonaten in der Hölle zu sein. Sie litt Schreckliches, Tag und Nacht wurde sie gequält. Gab man ihr einen kühlen Trunk, so schrie sie voller Grauen, es sei ihr glühendes Eisen in den Hals gegossen. Die um sie waren, wurden zu Teufeln, Gott hatte sie verstoßen. Sie war für immer verdammt – für ihre unermesslichen Sünden. Sie würde nie ihren Mann und ihre Kinder wiedersehen, ewig brannten für sie die Höllenfeuer. Es war eine Erlösung für alle, als sie starb, in ihrem fünfundneunzigsten Lebensjahre. Ich denke, sie wird jetzt ihre Ruhe haben.

CHRISTIAN SCHÜNEMANN
Oma Henriette

S ie kommt«, sagte ich.

Von meinem Stehplatz am Fenster konnte ich im spitzen Winkel durch die Bäume hindurch bis zur Einmündung schauen und sehen, wie das beigefarbene Auto mit dem Taxischild auf dem Dach in unseren Weg einbog.

»Jetzt schon?«, fragte meine Mutter am Wohnzimmerschrank. Sie war auf der Suche nach rosafarbenen Servietten, passend zum Rosenmuster vom Rosenthal-Kaffeegeschirr, und durchwühlte die Schubladen.

Mein Vater sagte nichts. Er lag auf dem Sofa, lang ausgestreckt, Augen geschlossen, und tat, als hätte er nichts gehört, während mein Bruder Boris den *stern* zuklappte, ihn vor sich auf den Tisch warf, sich streckte und gähnte.

Das Taxi schob sich im Schritttempo über den Sandweg, von Schlagloch zu Schlagloch, und die Kühlerhaube hob und senkte sich.

»Sie ist da«, rief ich in den langen Flur, aber meine Schwestern rührten sich nicht.

»Hast du gehört?«, fragte ich und ließ Corinnas Zimmertür an ihre Schranktür knallen.

Corinna lag rücklings auf dem Bett. Ihr Kopf war vollständig hinter der Schallplattenhülle verschwunden. »Gleich!«, sagte sie.

»Beeilung«, rief ich.

»Spiel dich nicht so auf.« Angela kam aus dem Bad und ging voran.

Die Hunde sprangen an der Pforte herum, kläfften und konnten sich nicht einkriegen, während das Taxi mit Bremer Kennzeichen stoppte. Meine Geschwister und ich nahmen mit meiner Mutter Aufstellung, während mein Vater, etwas gebückt, mit eingezogenem Kopf, in Pantoffeln, als Letzter an der Pforte eintrudelte.

Der Dieselmotor vom Taxi ging aus, aber nichts geschah. Die Hunde waren jetzt ruhig und hatten erwartungsvoll ihre Ohren aufgestellt. In den Scheiben spiegelten sich die Bäume, und dahinter war zu sehen, dass langsam Bewegung in die Sache kam.

Die Fahrertür wurde aufgestoßen. Herr Scheuermann stieg aus, grüßte zu uns herüber und ging ums Auto herum. Sein gestreiftes Hemd, das vorne stramm um seinen Bierbauch saß, hing hinten aus der Hose, und seine Gesichtsfarbe changierte zwischen rosarot und bläulich, während der Blick aus seinen verquollenen Augen wässrig und unklar war.

Er öffnete die Beifahrertür und wartete, dass die Person auf dem Sitz sich sortierte, nahm schließlich eine fliederfarbene Häkeldecke entgegen, die mit den Lurexfäden im Tageslicht schimmerte, als wäre sie mit winzigen Diamanten übersät. Dann kam eine Handtasche mit Hornverschluss und Gobelinmuster zum Vorschein. Herr Scheuermann nahm Handtasche und Decke entgegen, trat respektvoll zurück und machte Platz für meinen Vater.

Anders als Herr Scheuermann, war mein Vater ein wenig

nervös, nicht unbedingt fahrig, aber auf dem Sprung, auf alles gefasst, und gleichzeitig wusste er bei dem, was da auf ihn zukam, nicht so recht, wo er ansetzen sollte.

Der Krückstock erschien zuerst, wurde auf die Erde gesetzt und markierte einen Abdruck im Sand. Dann erschien eine weiche, von Altersflecken übersäte Hand mit Fingern, an denen zwei goldene Eheringe und ein blassblauer Stein steckten. Die Hand umklammerte fest den silbernen Knauf am Krückstock. Zwei Schnallenschuhe kamen zum Vorschein, geschwollene Beine, ein lindgrüner Rock und Arme, die sich Hilfe suchend meinem Vater entgegenstreckten.

»Siegfried!«, stieß Oma Henriette gepresst und atemlos, mit mädchenhafter Stimme hervor und versuchte, so viel Kraft und Emotionen in ihre Stimme zu legen, dass sie zitterte. Es war schwer zu erkennen, ob ihre Gesichtszüge von einem Lächeln verzerrt waren oder durch die Anstrengung, die ihr das Aussteigen bereitete.

»Mutti!«, sagte mein Vater, eher überrascht als erfreut und auch ein wenig überrumpelt, als hätte er nicht damit gerechnet, Oma Henriette so plötzlich im Taxi vor seinem Haus vorzufinden.

Was jetzt begann, war ein Tauziehen: Oma Henriette wollte ihn zu sich herunterziehen, begrüßen und herzen – und erst dann aussteigen. Mein Vater dagegen wollte sie erst einmal aus dem Auto holen, auf die Beine stellen und dann die Begrüßung machen. Es war ein Machtkampf, den keiner imstande war, für sich zu entscheiden, begleitet von einer Kette von Missverständnissen, wer wen wo anzufassen, zu halten und wieder loszulassen hatte. Oma Henriette fehlte die Kraft, meinem Vater die Entschlossenheit, und die Umarmung geriet zur Umklammerung, begleitet von Oma Henriettes Lachen, einem stoßartigen Glucksen, das Ausdruck ihrer überbordenden Wiedersehensfreude war und gleichzeitig ihr Kommentar zu der etwas absurden Situation und dem Unvermögen meines Vaters. All das nahm ihr den Atem, der ohnehin nicht mehr im Überfluss vorhanden war.

Die Sache endete schließlich mit einem Kuss, den sie meinem Vater entschlossen auf die Wange drückte.

Dann waren wir dran, traten einzeln vor, von Oma Henriette nacheinander namentlich benannt, begrüßten sie mit einer Umarmung, die sie ebenso glucksend und kurzatmig, mit dem Stock in der Hand, die Arme rudernd und für bange Sekunden instabil stehend, erwiderte. Ihr Gesicht fühlte sich bei der Berührung überraschend zart und nachgiebig an, und für einen Moment war ich versucht, meine Wange noch ein wenig länger an ihre zu schmiegen, dabei den Duft ihres Parfüms zu riechen, der mit Kölnischwasser nichts zu tun hatte, eher von Paris und einer Welt erzählte, die weit weg, vielleicht sogar unerreichbar war, und von der wir hier an der Pforte alle keine Ahnung hatten.

Der Duft verflog, die Begrüßung war beendet, und Herr Scheuermann wurde von Oma Henriette mit einer Handbewegung und dem Auftrag verabschiedet, bitte pünktlich um achtzehn Uhr wieder vorzufahren.

Der Weg von der Pforte zur Haustür und weiter an die Kaffeetafel, mit einem Zwischenstopp im Flur vor dem Spiegel, dauerte eine Ewigkeit und wurde von Oma Henriette benutzt, um am Arm meines Vaters die Blumen in den Beeten zu kommentieren und zu würdigen, dabei das Bild einer innigen Mutter-Sohn-Beziehung heraufzubeschwören und zu berichten, was für eine zuverlässige Person ihr Fahrer, Herr Scheuermann, doch war. Ein Anruf, und er war zur Stelle, um sie zum Arzt oder zum Frisör zu kutschieren oder auch einfach nur Aufträge zu erledigen, was er Leerfahrten nannte: Sachen aus der Reinigung abholen oder – wenn Oma Henriette der Sinn danach stand – geräucherte Forellenfilets mit Meerrettichsahne aus dem Delikatessengeschäft an der Martinistraße besorgen.

Zum Glück musste Oma Henriette diese Fahrten kreuz und quer durch die Stadt nicht aus eigener Tasche bezahlen, sondern konnte sie mit einem der Taxischeine begleichen, die sie als Witwe eines Polizeibeamten, der bis 1945 im Staatsdienst stand, im Monatsrhythmus vom Land Bremen zugeteilt bekam.

»Das steht mir zu«, sagte sie in einem Ton, der keinen Widerspruch duldete. Wie ihr auch der Kuraufenthalt in Extertal zustand, der Rollstuhl für die Reise nach Amerika und die Vorzugsbehandlung, die ihr die Lufthansa wegen ihrer Gebrechlichkeit beim Ein-, Aus- und Umsteigen zukommen ließ.

Oma Henriette ließ sich am Kopf der Kaffeetafel nieder, auf dem Platz meines Vaters, verlangte nach ihrer Decke, um sie sich über ihren Rock und die geschwollenen Knie zu legen, und ließ sich die Handtasche reichen.

Während sie ihre Brille mit den dicken Gläsern absetzte und eine andere Brille mit ebenso dicken Gläsern aufsetzte, klagte sie über ihre Haushälterin, Frau Mittenzwey, die immer noch nicht mit dem Toaster umgehen konnte und Kaffee kochte, der nicht mal als Tee durchging. Die Mittenzwey konnte ihrer Vorgängerin in keinem ihrer Aufgabenbereiche auch nur ansatzweise das Wasser reichen, der guten Frau Schulz, die trotz ihrer Körperfülle unglaublich flink gewesen war und nicht so ungeschickt herumfuhrwerkte wie die Mittenzwey, dass man ständig Angst um Porzellan, Gläser und die wertvollen Hummelfiguren haben musste. Allein die Kohlrouladen von Frau Schulz und ihre gefüllten Paprikaschoten waren ein einziges deftiges Gedicht gewesen.

Von den Erinnerungen übermannt, verstummte Oma Henriette. Dass Frau Schulz sich entschlossen hatte kürzerzutreten und Oma Henriette tatsächlich zum Jahresende verlassen hatte, war ein Schlag, der für Oma Henriette möglicherweise schwerer zu verkraften war als der Tod von Opa Karl vor zwölf Jahren.

Dabei hatte sich ihr Bild vom verstorbenen Ehemann schon verklärt. Beinahe biblisch war die Szene, die sie in schöner Regelmäßigkeit zum Besten gab, auch als Beweis für die tiefe Verbundenheit, die es eben doch zwischen ihr und ihrem Ehemann gegeben und die sie ganz genau gespürt hatte, als sie damals bei Opa Karl allein an der Totenbahre saß, viele Stunden lang, und er so friedlich dalag, die Hände gefaltet, die Augen geschlossen, und eine Ruhe und Besonnenheit ausstrahlte, die auf sie überging. Da hatte sie plötzlich angefangen, mit ihm Zwiesprache zu halten, und er hatte, ob er wollte oder nicht, zuhören müssen, und prompt hatten sie sich nach über fünfzig gemeinsamen Jahren zum ersten Mal vernünftig und ohne Groll unterhalten und richtig gut verstanden.

Viel hatte er ja nie geredet, auch nicht vor dem Krieg, danach noch weniger, und dann war er nahezu vollständig verstummt. Das musste nach dem Schlaganfall gewesen sein, den vielen kleineren, die er gar nicht bemerkt hatte, und dem einen großen, der ihn dauerhaft lähmte und zum Pflegefall machte. Da war er dann nur noch der alte, in sich zusammengesunkene Mann gewesen, der hauptsächlich aus Glatze und Brille bestand und sich – wenn überhaupt – nur im Zeitlupentempo bewegte und sich genauso schwer artikulierte. Es war kaum vorstellbar, dass dieser Mann, der jetzt nur noch in seinem Sessel begrüßt und verabschiedet wurde, früher an der Gartenpforte gestanden haben sollte, Leute erkannte und mit ihnen Schwätzchen hielt.

Der Anbau, in den er verfrachtet worden war, kam auf Wunsch und Initiative von Oma Henriette zustande und wurde zu einem Zeitpunkt errichtet, als der zusätzliche Platz eigentlich gar nicht mehr gebraucht wurde. All die Geflüchteten, die das Haus nach dem Krieg bevölkert hatten, waren schon lange verschwunden, und auch die hilfsbedürftigen Menschen waren weg, fremde Leute, die Oma Henriette irgendwo auflas, ihnen vorübergehend ein Bett zuwies und einen Platz am Familienesstisch gewährte, ohne vorher den Familienrat einzuberufen. Die Leute waren plötzlich da, die Kinder hatten oben in den Kammern zusammenzurücken und Opa Karl, der für das Zustandekommen der Mahlzeiten zuständig war, an denen Oma Henriette selbst nicht teilzunehmen pflegte, noch einen oder zwei Teller mehr auf den Tisch zu stellen.

Als der Anbau kam, waren mein Vater und seine vier Geschwister längst aus dem Haus, waren nach Nordamerika, Süddeutschland oder in die nähere Umgebung gezogen, hatten geheiratet und eigene Familien gegründet. Der

Anbau war immer fußkalt, im Winter kaum warm zu kriegen und so ungemütlich, dass niemand auf die Idee kam, von einem Zimmer oder gar einer Wohnstube zu sprechen. Es war immer »der Anbau«.

Trotzdem hatte Opa Karl hier alles, was er brauchte: ein Bett, einen Sessel und ein Fenster, durch das er in den Garten auf die Obstbäume und den Schuppen gucken konnte, in dem er nach dem Krieg, als es sich mit seinem Beruf als Polizist erledigt hatte, einen Frisörsalon einrichtete. Die Pflegerin gelangte durch einen separaten Eingang zu ihm und übernahm all die Arbeiten, bei denen Oma Henriette sich außerstande sah, sie auch nur ansatzweise zu übernehmen.

Es gab Stunden, da konnte man beinahe vergessen, dass es den Mann da hinten im Anbau noch gab.

Oma Henriette lobte den Frankfurter Kranz und würdigte das Muster im Marmorkuchen als etwas, das man durchaus als künstlerisch bezeichnen konnte, was meine Mutter schmallippig mit einem »Danke« quittierte.

Die Kaffeetafel wurde aufgehoben. Oma Henriette kraxelte am Arm meines Vaters die drei Stufen ins Wohnzimmer hinunter und ließ sich, assistiert von meinem Bruder Boris, um die Ecke im Kaminzimmer in einem der neuen Sessel nieder, in dem sie bequemer saß und nicht so tief einsank wie in den Sesseln der Polstergarnitur im Wohnzimmer. Während sie in ihrer Handtasche kramte, erzählte sie von ihrem Liebling, der Studentin aus Vietnam, die ihr seit geraumer Zeit am Nachmittag Gesellschaft leistete, wenn die Mittenzwey gegangen war.

So demütig sei das Mädchen, wie es sich ihr zu Füßen setzte, berichtete Oma Henriette, während wir uns ihr gegenüber in den zwei- und dreisitzigen Sofas fläzten und uns vorstellten, wie die vietnamesische Studentin da wohl bei Oma Henriette saß, eingezwängt zwischen brauner Cordcouch und Servierwagen, sich die alten Geschichten anhören und womöglich noch Nana Mouskouri auflegen musste, und grinsten uns eins.

Oma Henriette hatte in ihrer Tasche gefunden, was sie suchte, und überreichte uns eines von den kleinen Büchern, wie sie sie gerne zu allen möglichen Gelegenheiten verschenkte, ein schmales Bändchen mit trüben Abbildungen und groß gedruckten Sätzen, Aphorismen, von denen sie sich wünschte, dass wir sie uns einmal zu Gemüte führten und uns dazu unsere Gedanken machten.

Auf der ersten Seite stand: *Was sich alles entpuppen kann: ein Schurke und ein Schmetterling.*

»Danke«, sagten wir und legten das Buch auf den flachen Tisch, wo es bald unter dem *stern,* dem *Neuen Blatt* und der *Hörzu* untergehen und verschwinden würde.

Als Beigabe gab es neue Blumen, mit denen Oma Henriette ihre kleinen Präsente zu schmücken pflegte, künstliche Gebilde aus silbernem Draht, überzogen mit farbigen Nylons. In der Mitte, zwischen den Blättern aus Strumpfhose, steckte ein künstlicher Blütenkelch, und unten war das Ganze mit grünem Klebeband zu einem biegsamen Stiel zusammengebunden. Trotz Gelenkschmerzen und starker Weitsichtigkeit fertigte Oma Henriette die Strumpfhosenblumen eigenhändig in unglaublich hoher Stückzahl und brachte sie in immer neuen Farben, Formen und Größen unter die Leute, seit sich abgezeichnet hatte, dass es keinen Sinn mehr ergab, weiter Kleider für die Puppen zu häkeln, unter denen sich eine Rolle Klopapier verstecken ließ. Es gab in der näheren und weiteren Verwandtschaft wohl keinen Spülkasten mehr, auf dem nicht eine dieser Puppen im Reifrock mit starrem Blick über das große und kleine Geschäft wachte. Auch bei uns im Gäste-wc stand so eine, während die Klopapierpuppe fürs Elternbadezimmer spurlos verschwunden war.

»Das sehe ich nicht so«, sagte mein Vater und betrachtete seine Fingernägel, als gäbe es auf ihnen ein Muster, das er studierte. »Tut mir leid, Mutti. Das stimmt so nicht.«

»Du warst von allen der Sensibelste«, sagte Oma Henriette und ignorierte den Einwand meines Vaters. »Und hast so schöne Gedichte geschrieben.«

»Wir waren uns nach dem Krieg alle fremd, und von einem Familienleben konnte keine Rede sein«, antwortete mein Vater unbeirrt. »Nimm Vati. Er war ein Wrack, als er seinerzeit aus dem Internierungslager kam, und du warst froh, wenn du aus dem Haus konntest.«

»Ich habe das Geld verdient«, trompete Oma Henriette. »Was Vati mit seinem sogenannten Frisörsalon erwirtschaftet hat, hätte vorne und hinten nicht gereicht. Und Frau Voss war regelmäßig da. Für euch war immer gesorgt.«

»Klar«, sagte mein Vater, lehnte sich zurück, sodass er eine beinahe liegende Position einnahm, schlug ein Bein über das andere, aber bevor er weiterreden und möglicherweise in Fahrt kommen konnte, legte meine Mutter beschwichtigend ihre Hand auf sein Knie und sagte, sie würde jetzt mal die Küche aufräumen. Stand auf, nahm ihre Zigaretten und verzog sich.

Angela und Corinna folgten ihr – nicht gleichzeitig, sondern nacheinander, mit einem kleinen zeitlichen Abstand, sodass die Lücken im Sofa nicht zu sehr auffielen. Boris hatte sich schon zu Beginn der Unterhaltung ins Wohnzimmer rübergesetzt und las die Reclamausgabe von *Romeo und Julia auf dem Dorfe*.

Mein Vater schaute mit starrem Blick auf die Holzscheite im Kamin, die so übereinandergeschichtet waren, dass man sie nur noch hätte anzünden müssen, und Oma Henriette strich unablässig mit ihrer Hand über die Sessellehne. Beide dachten jetzt vielleicht zurück an den Krieg, an Thüringen, die Rothenburg und die nächtliche Flucht auf dem Anhänger durch den Wald. An die Schüsse der vorrückenden sowjetischen Armee, überfüllte Bahnstationen und Züge.

»Ich habe alles richtig gemacht!«, sagte Oma Henriette in einem Ton, als würde sie das Grundgesetz verkünden. Und bevor mein Vater oder ihre innere Stimme etwas anderes behaupten konnte, rief sie: »Und er da oben, der Herrgott, weiß, dass ich recht habe und dass ich immer nur das Beste wollte – für euch alle.«

Mit der Geburt des fünften Kindes, im August 1939, erlangte Oma Henriette kurz vor Ausbruch des Zweiten Weltkrieges das ersehnte Mutterkreuz. Die Familie war komplett und wohnte in der Vorstadt, in einer neuen, für kinderreiche Familien konzipierten und gerade erst errichteten Gartenstadtsiedlung.

Das Haus mit dem steilen Walmdach und den quadratischen Fenstern entsprach dem modernen Zeitgeist und Geschmack der zwanziger und dreißiger Jahre. Das Grundstück mit tausend Quadratmetern stand voller Obstbäume, und der Garten grenzte an einen kleinen Deich und die Ochtum, den Nebenfluss der Weser. Hier sollten die Kinder heranwachsen, zu anständigen und aufrechten Menschen erzogen werden und ihren Teil zur Gesellschaft und zu einem gedeihlichen Miteinander beitragen. Das war der Plan von Oma Henriette, und sie war entschlossen, ihn in die Tat umzusetzen. Vielleicht würden die Kinder – oder wenigstens eines von ihnen, einer der drei Jungs, zum Beispiel –, wenn sich der Charakter erst herausgebildet und gefestigt hatte, ja sogar zu Höherem berufen sein. Bis dahin hatten die Kinder zu gehorchen und das zu tun, was die Eltern sagten und speziell die Mutter anordnete. Schließlich kannte sie ihre Kinder in- und auswendig und wusste am besten, was gut für sie ist.

Dass Oma Henriette und Opa Karl das Haus in der Gartenstadtsiedlung bekommen hatten und noch dazu zu einem bezahlbaren Preis erwerben konnten, war eine glückliche Fügung gewesen – und auch den guten Beziehungen zu verdanken, die Oma Henriette zu Fritz-Hermann pflegte.

Der Sohn eines Buchhändlers hatte ihre ältere Schwester heiraten sollen. Aus der Sache war nichts geworden, aber Oma Henriette behielt den Kontakt zu dem jungen Mann, der seine Ausbildung zum Elektriker hatte abbrechen müssen, als er mit achtzehn Jahren einberufen wurde und für den deutschen Kaiser in den Ersten Weltkrieg ziehen musste. Nach seiner Rückkehr und dem Ende des Ersten Weltkrieges arbeitete der Mann auf einer Geflügelfarm und der AG Weser, bis er, nach Jahren der Arbeitslosigkeit, Mitglied der SA und NSDAP wurde und keine zwei Jahre nach der Machtergreifung der Nationalsozialisten in die Bremische Bürgerschaft einzog und Regierungsverantwortung übernahm.

Opa Karl, von Beruf Polizist, war ganz anders als Fritz-Hermann. Kein Aufsteiger, sondern eher ein Gemütsmensch, zufrieden mit seinem Posten auf der Polizeidienststelle, die mit Kriegsbeginn ins Wohnhaus integriert wurde. Hier hatte er keinen Vorgesetzten, der ihm sagte, was er zu tun hatte, und konnte in Ruhe, unter Berücksichtigung aller Vorschriften, seinen Dienst versehen.

Oma Henriette hatte in ihrer Jugend die Wandervogelbewegung als glückliche Zeit erlebt und war mit dem *Zupfgeigenhansel* im Rucksack, in der Gemeinschaft und der freien Natur unterwegs gewesen, weit weg von zu Hause, dem Vater und der Enge. Die Ehe war für sie eine Notwendigkeit, und die Tatsache, dass Opa Karl ein sanftmütiger Mensch zu sein schien, sprach für ihn. Der Rest, dachte sie, würde sich schon ergeben. Sie bekamen in zwölf Jahren fünf Kinder.

Als zu Beginn des Krieges, wenige Kilometer entfernt, Bomben auf den Bremer Flughafen fielen, setzte Oma Henriette ihren Kindern Blech- und Emailletöpfe auf den Kopf, kippte in der Wohnstube das große Sofa um und ließ sie hinter der provisorischen Schutzwand niederkauern. Der Nachbar schoss sich ins Knie, um einer Einberufung zuvorzukommen, während Opa Karl auf seinem Polizeiposten an der Heimatfront gebraucht wurde. Für Oma Henriette war das kein Trost und keine Perspektive. Sie fühlte sich an der Seite ihres Mannes weder sicher noch am richtigen Platz.

So war es wieder eine glückliche Fügung und ihren guten Beziehungen zu Fritz-Hermann zu verdanken, dass sie die Möglichkeit bekam, selbst ihren Beitrag zu leisten, um eine Sache voranzubringen, von der sie überzeugt war. Fritz-Hermann war in dieser Beziehung ihr Führer, ein Mann, zu dem sie aufblickte, den sie bewunderte. Er wurde in der Schutzstaffel Oberführer und Stabsleiter, stieg zum Polizeipräsidenten und Laienrichter am Volkgerichtshof auf und wurde schließlich zum stellvertretenden Leiter am Rasse- und Siedlungshauptamt berufen, das auf der Rothenburg in Thüringen angesiedelt war. Dort suchte er eine Hauswirtschaftsleiterin, jemand Tatkräftiges, der organisieren, delegieren und durchgreifen konnte.

Oma Henriette sah ihre Chance auf Teilhabe gekommen, überlegte, wie sie es als Mutter von fünf Kindern anstellen könnte, begann zu organisieren, zu delegieren und sich gegen Widerstände und Bedenken von Opa Karl durchzusetzen.

Sie schickte ihren ältesten Sohn zu den Schwiegereltern aufs Land, ihre achtjährige Tochter mit einem Transport nach Süddeutschland, wo das Mädchen als Arbeitskraft an Bauern vermittelt wurde, und entschied, die übrigen drei Kinder – darunter meinen Vater – mit auf die Rothenburg ans Rasse- und Siedlungshauptamt zu nehmen.

Über vier Jahre war die siebenköpfige Familie auf vier Standorte verteilt. Die Eltern sahen einander und die Kinder ihren Vater nur, wenn die Umstände es zuließen, und die wurden immer schwieriger. In diesen Zeiten eine Hauswirtschaft zu führen bedeutete zunehmend, den Mangel zu verwalten. Oma Henriette war gefordert und überfordert, und wenn die Kinder nicht spurten, rutschte ihr die Hand aus. Als herauskam, dass mein Vater, der inzwischen neunjährige Siegfried, statt gehorsam in die Schule zu gehen und seine Pflicht zu erfüllen, sich im Wald versteckte, sich dort einen Lenz machte und sich nach dem vermeintlichen Schulschluss an den Esstisch setzte, ohne eine Miene zu verziehen, und das über Wochen und Monate, grenzte dieses Verhalten für Oma Henriette an Niedertracht. Statt gehorsam zu sein und seine Pflicht zu erfüllen, hatte mein Vater gelogen und betrogen und erntete von seiner Mutter eine solche Tracht Prügel, dass er tagelang nicht sitzen und davon später noch seinen eigenen Kindern erzählen konnte.

Dass er für die Klassenkameraden und Dorfjugend der Junge vom Rasse- und Siedlungshauptamt war und damit zur inzwischen verhassten Nazi-Obrigkeit gehörte, dass sie ihm auflauerten und ihn verprügelten und er keine Chance gegen diese Übermacht hatte, interessierte Oma Henriette nicht. Für sie war der Junge ein Lügner, schwach und ängstlich obendrein – in einer Zeit, wo immer mehr Soldaten ausgezehrt, demoralisiert und traumatisiert auf die Rothenburg kamen und es offensichtlich war, dass die kämpfende Truppe, entgegen der Propaganda, im Osten nicht nur stecken geblieben, sondern auf dem Rückzug war und die Ordnung und das Weltbild von Oma Henriette ins Wanken geriet.

Die Frontlinie, das entfernte Grollen und Rattern der Maschinengewehre, rückte immer näher. Fritz-Hermann, der Leiter am Rasse- und Siedlungshauptamt, war nach einem Einsatzbefehl in Berlin nicht wieder zurückgekehrt und spurlos verschwunden. Oma Henriette hielt die Stellung. Es war ein einziges Warten, wann die Russen kommen würden, ein Zittern und Bangen, ohne dass darüber gesprochen wurde. Bis der Treck zu sehen war, ein Militärkonvoi mit der amerikanischen Flagge, der sich langsam den Weg hinauf zur Burg bahnte.

Entgegen allen Befürchtungen ließ der Kommandant niemanden an die Wand stellen, sondern Schokolade an die Kinder verteilen. Auf Deutsch, mit amerikanischem Akzent, sagte er zu Oma Henriette: »Frau Hormann, Sie und Ihre Kinder – Sie müssen hier weg! Worauf warten Sie?«

Zu diesem Zeitpunkt eine Flucht mit drei Kindern zu organisieren und den Bauern zu finden, der sie im Schutz der Nacht durch den Wald brachte, war ein Kunststück, das Oma Henriette in letzter Sekunde gelang. Das Sperrfeuer aus den Kalaschnikows war nicht nur zu hören, sondern in der Dunkelheit auch zu sehen.

Bei der Ankunft daheim bevölkerten fremde Leute das Haus und verwandelten mit ihren Habseligkeiten die kaum noch vertrauten Räume in fremdes Terrain.

Acht Monate später – das Haus war mit Familienmitgliedern und Geflüchteten bis unters Dach belegt – hämmerte es in der Nacht an die Tür. Opa Karl wurde von den amerikanischen Soldaten aus dem Bett geholt. Eine anonyme Anzeige lag gegen ihn vor. Der Vorwurf wog so schwer, dass er noch in derselben Nacht zu einer Sammelstelle am Domshof gebracht und von dort in ein Internierungslager in der Nähe von Regensburg transportiert wurde. Zwei Jahre lang war er verschwunden.

Als er wieder vor der Tür stand, redete er nicht und erzählte nicht, was man mit ihm gemacht und wie er die Zeit verbracht hatte, und schwieg sich auch darüber aus, was man ihm angelastet hatte und welcher Tat er bezichtigt wurde. Er war sein ganzes Leben lang Polizist gewesen, auch vor 1933, und als solcher hatte er eine Ehre, die man ihm genommen hatte. Die Rückkehr in seinen Beruf wurde ihm verwehrt.

Er zog sich zurück, übernahm die Versorgung der Kinder und das Kochen, die Verarbeitung dessen, was an Essbarem aufzutreiben war und der Garten hergab.

Oma Henriette hatte das Mutterkreuz, das ihr einmal so viel bedeutet hatte, weggeworfen und Fritz-Hermann wiedergefunden. Er hatte seine Rangabzeichen und alle Ausweispapiere vernichtet, sich wochenlang im Wald versteckt und von Pilzen und Beeren ernährt, bis der Russe ihn aufspürte. Unter falschem Namen ließ er sich festnehmen, verbrachte mehrere Jahre in sowjetischer Kriegsgefangenschaft und fand erst fünf Jahre nach Kriegsende den Mut, sich zu seiner wahren Identität zu bekennen. In einem Spruchkammerverfahren wurde er als minderbelastet eingestuft und von allem, was er sich hatte zuschulden kommen lassen, freigesprochen.

Derweil richtete Opa Karl sich im Schuppen hinter dem Haus einen Frisörsalon ein, in dem er die männliche Nachbarschaft bediente und zwei Haarschnitte im Repertoire hatte: den Rund- und den Fassonschnitt. Das Angebot vom Land Bremen, in den Polizeidienst zurückzukehren, lehnte er mit den Worten ab: »Erst wolltet ihr mich nicht, jetzt will ich euch nicht.« Er verzichtete auf Beamtengehalt, Sicherheiten und eine entsprechende Pension und konzentrierte sich auf das Haareschneiden, das er in seinem Tempo, nach seinem Terminkalender, mit der nötigen Sorgfalt erledigte.

Oma Henriette reiste für den Bertelsmann-Buchklub über Land und entdeckte die erfüllende Aufgabe, den Menschen Literatur nahezubringen, die erbaulich war und Trost und Halt geben konnte. Wenn es sich auf ihren Routen einrichten ließ, stattete sie Fritz-Hermann einen Besuch ab, der in der Lüneburger Heide ein Ausflugslokal leitete.

Zu Hause erkor sie sich die ehemalige Polizeistube zu ihrem Refugium, gestaltete sich darin ein Zimmer nach ihren Wünschen und Bedürfnissen und schmökerte im behaglichen Licht der Leselampe in den Geschichten von Hedwig Courths-Mahler und den *Angelique*-Romanen. Sie trug lindgrüne und lavendelblaue Kostüme, schneeweiße Blusen mit gekräuselten Kragen und aß an ihrem Tisch, in ihrem Sessel, feine Salate, Lachsschinken und Pasteten, die sie sich aus den Feinkostläden der Innenstadt mitbrachte, während Opa Karl, in Schürze, für die Kinder im Zimmer nebenan Steckrüben und Knipp auftischte.

Dieser Lebenswandel stehe ihr zu, sagte Oma Henriette, schließlich arbeite sie den ganzen Tag und verdiene in der Familie das Geld.

Nur wenigen Menschen gestattete sie, mit ihr an einem Tisch zu speisen. Ein solcher Ausnahmefall war meine Mutter Sibylle. Mit ihren schwarzen Haaren und den braungrünen Augen sah sie auf den ersten Blick jüdisch aus, war es aber nicht. Sie hatte gute Manieren, konnte sich ausdrücken und war überraschend belesen – auch wenn Oma Henriette nicht sehen konnte, dass Sartre und Dostojewski die geeignete Lektüre für ein fünfzehnjähriges Mädchen waren. Doch sie musste einen guten Einfluss auf Siegfried haben, den Schulabbrecher, der oft antriebslos war und manchmal grundlos niedergeschlagen wirkte. Seit Sibylle in sein Leben getreten war, schien er ein Ziel im Leben zu haben, war entschlossen, die Maurerlehre zu beenden, und redete sogar davon, den Beruf des Bauzeichners erlernen zu wollen, nachdem er beim Vorsingen im Theater am Goetheplatz gescheitert war und seinen Traum von einer Karriere als Operettensänger begraben hatte.

»Wenn Sibylle dich nicht genommen hätte«, erklärte Oma Henriette kategorisch, »hättest du dir etwas angetan. Das weiß ich.«

Mein Vater antwortete nicht, und meine Mutter meldete: »Dein Taxi ist da. Herr Scheuermann wartet.«

Wir verabschiedeten Oma Henriette mit Umarmung und Kuss, verfrachteten sie in der Dunkelheit mit Handtasche und Häkeldecke zurück ins Auto, und Herr Scheuermann machte den Dankesbekundungen, guten Wünschen und Hoffnungen auf ein baldiges Wiedersehen rigoros ein Ende, indem er die Tür zuschlug. Der Wagen fuhr rückwärts den Weg hinunter. Noch einmal streiften seine Scheinwerfer die Bäume, dann war das Auto verschwunden.

Mein Vater lag wieder lang ausgestreckt auf dem Sofa, die Augen auf den Fernseher und die Samstagabendshow gerichtet, und meine Mutter schaute mit der Zigarette in der Hand gedankenverloren ins Kaminzimmer hinüber, wo eben noch die Vergangenheit aufgeflackert war, und sagte: »Eigentlich könnten wir mal wieder den Kamin anmachen.«

JOACHIM MEYERHOFF

Die stummen Hunde

Vollkommen erschöpft machte ich mich auf den Weg zu meinen Großeltern. Im Hauptbahnhof holte ich meine Tasche aus dem Schließfach und wanderte die Nymphenburger Straße entlang bis zum Rotkreuzplatz. Hier endeten die mehrstöckigen Bauten und die Villen begannen. Ich erreichte den verkehrsumbrausten Romanplatz, ging vorbei am »Krankenhaus Barmherzige Brüder«, in dem man meinem mittleren Bruder vor Jahren den Blinddarm herausgenommen hatte, hinein in die seit Anbeginn des Erinnerns vertraute Straße der Großeltern. Hier traten aus dem verhallenden Lärm nach und nach die Geräusche hervor. Ich hörte meine Schuhe über den Bürgersteig gehen und die Vögel zwitschern. Auf der rechten Seite die Schlossmauer des Nymphenburger Parks, auf der linken Seite die herrschaftlichen Villen, hin- und hergerissen zwischen sich zeigen und sich abschirmen.

Über viele dieser Häuser kannte ich Geschichten, die mir meine Großeltern erzählt hatten. Da wohnte eine neunzigjährige Witwe mit lila Haaren allein auf vierhundert Quadratmetern. Sie hatte einen schwarzen Porsche, mit dem sie im Schritttempo durch die verkehrsberuhigten Straßen röhrte. Da lebte der Erste Geiger der Münchner Philharmoniker. An Sommermorgen hörte man ihn üben, und es fühlte sich ein wenig so an, als wäre man im Jenseits aufgewacht. Dort residierte ein schwules Paar mit kitschigen Löwen links und rechts vor dem Eingang. Sonntags gingen sie Hand in Hand in Jankern zum Gottesdienst.

Direkt neben meinen Großeltern gab es einen herrschaftlichen Garten, in dem die stummen Hunde lebten. Schon immer kamen sie, wenn man den Zaun passierte, herangelaufen und steckten ihre Schnauzen durch die Maschen. Sie hatten silbriges Kurzhaar, waren kniehoch, bissig und tatsächlich stumm. Es war eine seltene Hunderasse, deren hervorstechendste Eigenschaft es war, dass sie weder bellen noch jaulen konnte.

Als ich an diesem Nachmittag am Zaun vorbeikam, schossen sie wie gewohnt aus allen Winkeln des herrlichen Gartens hervor und wanden und krümmten sich am Zaun entlang. Vollkommen geräuschlos fletschten sie die Zähne, sabberten, zogen bedrohlich die Nasen kraus und gaben nur hin und wieder ein knapp unter der menschlichen Hörfrequenzgrenze liegendes Piepsen von sich. Oft sah man sie auch mit saftigen Knochen durch den Garten traben, auf der Suche nach einer guten Verbuddelstelle. Stets waren sie das Begrüßungskomitee, bevor ich das Großelternhaus erreichte. Ein Rudel stummer, bissiger Hunde. Besser als diese bemitleidenswerte Rasse hätte keine andere Züchtung in dieses Villenviertel gepasst, in dem Stille das wertvollste Gut war. Schon oft hatte ich mir ausgemalt, wie ein Einbrecher über diesen Zaun klettern und von den stummen Hunden angefallen werden würde. Mucksmäuschenstill würden sie sich auf ihn stürzen und ihn mit spitzen Zähnen innerhalb von Sekunden, ohne dass er auch nur hätte schreien können, bis auf die Knochen abnagen und diese dann im Garten vergraben. Diese Viecher waren die perfekten Verbrecher. Ich mochte es, sie zu ärgern, und hechelte sie an, worauf sie noch gelenkiger wurden und sich vor Zorn im Kreis drehten.

Dann lag das Haus meiner Großeltern vor mir. Alle Fenster, die zur Straße hinausgingen, waren geschmackvoll grün vergittert. Die beiden Kastanien im Vorgarten überragten prächtig das Dach. Dieses war mit sogenannten Biberschwänzen gedeckt, was bei mir, als ich noch ein Kind war und zum ersten Mal davon hörte, dazu führte, meine Großeltern für grauenvolle Tierquäler zu halten. Ich bog in die Einfahrt ein, ging zum Hintereingang und klopfte an die Tür. Nichts. Ich wusste nicht, wie spät es war. Vielleicht waren sie beide noch oben. Ich lief um das Haus herum bis zur großen Eingangstür, klingelte kurz und lauschte. Es dauerte und dauerte, doch dann hörte ich durch den roten Treppenläufer gedämpft meine Großmutter Stufe für Stufe von oben herabsteigen. Kurz wurde die Gardine des Gästeklos neben der Eingangstür beiseitegeschoben, ich vernahm ein freudiges »Mooahhhhhhhh« und den Ruf: »Hermann, er ist schon da! Der Lieberling ist da.« Sie drehte den Schlüssel zweimal herum und öffnete die Tür. Mit viel Schwung warf sie ihre Arme in die Höhe, sah mich mit freudigem Staunen an und rief so, als hätten wir uns jahrelang nicht gesehen, als wäre ich ein Verschollener, der heimkehrt: »Nein, du bist es! Wie ist das denn nur möglich? Du bist da! Was für eine Freude! Junge!«

Wir umarmten uns. Nur flüchtig, denn meine Großmutter war keine Anhängerin allzu großer Nähebezeugungen.

Auf sämtlichen Fotos aus meiner Baby- und Kleinkind-
zeit sieht man deutlich, dass ich ihr nur kurz für die Dauer
der Aufnahme angereicht worden war. Durch die flüchtige
Berührung ihrer Wange hatte ich schon ihren Duft in der
Nase. »Komm rein. Wie, diese Tasche da ist alles, was du
dabeihast? Herrschaftszeiten, was für eine Freude, dich zu
sehen! Hermann ist noch oben.«

Wir gingen durch den Flur und meine Großmutter
stellte sich am Fuße der Treppe in Position und rief so laut,
dass die großen Scheiben der Vitrinen erzitterten: »Herrr-
mannnn! Er ist daa-haaa!« Sie trug an diesem Nachmittag
einen Missoni-Hausanzug, dessen Muster etwas Psyche-
delisches hatte und der ihr unfassbar gut stand, dazu die
Haare offen. Grau und lang, fielen sie bis tief in den Rücken
hinab. Von oben rief mein Großvater: »Ich komm gleich.«

Ich zog meine Schuhe aus und stellte sie in den Flur.
Als ich meine Riesenturnschuhe, Größe 46/47 neben den
eleganten Schuhen meiner Großeltern sah, überkam mich
ein Freak-Gefühl. Mein Großvater hatte Schuhgröße 41,
meine Großmutter 37. Neben ihren Schuhen sahen meine
aus wie Abnormitäten, wie Sonderanfertigungen aus dem
Yeti-Fachgeschäft. Alle ihre Lederschuhe waren herrlich
gearbeitet, handgenäht, hell- oder dunkelbraun, immer
sauber und poliert. Ein Paar Budapester sah aus, als wäre
es kurz zuvor mit schwarzem Lack bepinselt worden, so
sehr glänzte es. Meine Schnürsenkel waren ausgefranst, die
Schuhkuppen verbeult und die Sohlen lösten sich. Als ich
meine abgehalfterten Quadratlatschen in dieser illustren
Schuhgesellschaft stehen sah, konnte ich kaum glauben,
dass ich in diesem Haus auf längere Zeit wohnen sollte.

Im Wohnzimmer war es wunderbar hell und warm und das erste Kürzerwerden der Tage wurde durch die Größe der Terrassentüren und Fenster gut aufgewogen. Wir setzten uns. Meine Großmutter in ihren Sessel und ich in das tiefe Sofa. Ich liebte diese Räume. An den weißen Wänden hingen keinerlei Bilder. Die Auswahl der Antiquitäten und Möbel aus den Dreißiger- und Fünfzigerjahren war perfekt. Die Mischung aus den Objekten und der Leere um sie herum war fein aufeinander abgestimmt. Wenn sich meine Großeltern in diesem Wohnzimmer aufhielten, kamen sie immer optimal zur Geltung. Die Einrichtung war funktional, ohne kalt zu wirken, aber gleichzeitig von exquisiter Unverwechselbarkeit. Ihre vollkommene Geschmackssicherheit hatte alles um sie herum und auch sie selbst in einer vielstimmigen Harmonie vereint. Nichts wirkte angestrengt oder gar überambitioniert, aber es gab auch keinerlei Willkür oder Zufälle. Nie wäre man auf die Idee gekommen, diese weitläufigen Zimmer als gemütlich zu bezeichnen. Gemütlichkeit war meinen Großeltern fremd. Vor Jahren hatten sie für vierundzwanzig Stunden ein Bild über den offenen Kamin gehängt und es dann kopfschüttelnd wieder abgenommen. »Mein Gott, ein Bild über dem Kamin, was für eine Verirrung«, hatte mein Großvater lachend konstatiert. »Gerade die für Bilder wie geschaffenen Flächen, gerade diese Flächen, die quasi nach einem Bild gieren, eröffnen einem, wenn man ihnen das Bild vorenthält, herrlich freie Räume. Gedankenräume.«

Ich saß meiner Großmutter gegenüber und war, wie immer, wenn ich sie länger nicht gesehen hatte, gebannt von ihrer Schönheit und ihren weit ausholenden Gebärden, die hin und wieder einen Lufthauch zu mir herübergestikulierten. Sie steckte sich eine Zigarette in die Zigarettenspitze und sagte ungefragt »Ja, wir haben es hier sehr, sehr schön«. Plötzlich veränderte sich ihr Ausdruck von elegant zu verwegen. Sie hielt die Zigarettenspitze mit den Zähnen im Mundwinkel fest und knipste mehrmals energisch das goldene Feuerzeug an. Ihr Gesichtsausdruck wurde sachlich, etwas männlich und gierig sog sie an der Zigarette. Doch beim Ausatmen des Rauches war sie schon wieder pure Eleganz. Sie blies den Rauch seitlich an mir vorbei in den Raum. Dunhill-Menthol. Es dauerte lange, bis sich die Schwaden in der stillstehenden Luft des Zimmers verflüchtigten, so angenehm schien es dieser Wolke zu sein, sich hier schwebend aufzuhalten. »Und, mein Lieberling, wie war nun der erste Tag? Ich sehe es an deinen Augen. Du hast viel erlebt.« »Na ja, also am Morgen …« Da legte sie abrupt den Finger auf den Mund. Ich hielt inne, ohne zu begreifen, warum ich schweigen sollte. War es wie so oft irgendein besonderer Vogel, den es im Garten zu bestaunen galt? Grünspechtalarm? Oder schlich sich eine der verhassten Katzen auf Singvogelpirsch durch die Rosen? »Was denn?«, flüsterte ich. »Wir warten lieber, bis Hermann herunterkommt. Sonst musst du ja alles zweimal erzählen.« Ich nickte. »Geh doch leise hinauf und bring deine Tasche ins rosa Zimmer. Wir sind sehr gespannt, wie das mit uns wird die nächsten Wochen.« Das klang nicht gerade begeistert. »Ich werde bestimmt bald etwas Eigenes finden.« »Du hast alle Zeit der Welt. Fast alle.« Ich stieg die Treppe hinauf und schlich leise, ein von jeher verinnerlichter Automatismus, am Arbeitszimmer des Großvaters vorbei. Oft arbeitete er auch am Nachmittag noch mehrere Stunden. Ich setzte mich auf mein Bett und wurde schlagartig sterbensmüde: die Nacht im Liegewagen, die Aufregung in der Schauspielschule, der lange Spaziergang hinaus zu den Großeltern und jetzt die warme Stille im Haus. Ich sah mich um. Seltsam, dachte ich, es gibt tatsächlich keinen anderen Ort, den ich schon so lange kenne, ohne dass er sich verändert hätte. Als mich meine Mutter als Baby im rosa Zimmer herumgetragen hat, sah es schon genauso aus wie jetzt. Der Großvater hat da schon genauso an seinem Schreibtisch gesessen und die Großmutter hatte vielleicht auch schon genau diesen Hosenanzug an. Hier tut sich in hundert Jahren weniger als in einer Tropfsteinhöhle.

Ich ließ mich rückwärts aufs Bett fallen und sah durch das Fenster den hochgerühmten Trompetenbaum in voller Blüte. Ich döste weg und wurde von der glockenhellen, aber auch glockendröhnenden Großmutterstimme aus dem Tiefschlaf gerissen. »Lieberling, sechs Uhr, Whisky-Zeit.«

Als ich ins Wohnzimmer kam, schenkte mein Großvater gerade ein. »Wasser nimmst du dir selbst. Sei gegrüßt!« Wir stießen an. Herrlich ölig und scharf gab mir der Alkohol wieder Kraft. »Du hast ja eine ganze Stunde geschlafen, ja gibt's denn so was! Mooahhhh. So, und jetzt erzähl mal. Wie war es denn heute? Dein erster Tag auf der Schauspielschule.« Meine Großmutter machte ihre neugierigen Augen. Und so begann ich meine Erzählung. Sie waren wundervoll interessierte Zuhörer und Nachfrager und ihre gewählte Ausdrucksweise, ihre Gabe, eine Unterhaltung als etwas Essenzielles zu begreifen, das Sprechen und Zuhören zu zelebrieren, gab Gesprächen immer etwas Feierliches. Es war nie Geplauder. Das schlechte Gehör meines Großvaters und die jederzeit zu Melodramatik neigende Großmutter machten mir an diesem Abend allerdings ordentlich zu schaffen. Ich sagte: »Und dann mussten wir alle zwei Zettel ziehen. Einen Schriftsteller und ein Tier. Ich habe Fontane und Nilpferd gezogen. Eine Passage aus ›Effi Briest‹. Jetzt muss ich am Freitag versuchen, wie ein Nilpferd ›Effi Briest‹ zu sprechen.« Beide sahen mich fassungslos an, so als würden sie zwar gerne reagieren, aber es schlichtweg nicht können, da sie für das soeben Gehörte keinerlei Koordinatensystem in sich finden konnten. »Wie bitte?«, rief mein Großvater. »Ich muss als Nilpferd ›Effi Briest‹ sprechen!« Mein überdeutliches Formulieren, Verkürzen und Laut-Reden war wie ein Bloßstellen der Worte: nackt und ungeschützt standen sie da. »Was hat er gerade gesagt?«, fragte mein Großvater meine Großmutter, ohne mich aus den Augen zu lassen. »Ich weiß es auch nicht genau. Ich glaube, er muss ein Nilpferd spielen.« »Ein was?« Er hielt sich wie im Märchen die gewölbte Hand ans Ohr. »Ein was, bitte?« »Mein Gott, Hermann, ein Nilpferd! Stimmt doch, oder?« Ich nickte. Mein Großvater sah meine Großmutter an, überlegte einen Moment und fragte: »Warum?« Er sprach dieses Warum mit geradezu biblischer Schlichtheit. Es klang wie die letzte noch zu stellende Frage. »Warum?«, reichte meine Großmutter die Frage an mich weiter. Da ich kurz innehielt, legte meine Großmutter nach. »Wir wüssten wirklich gerne alle beide langsam mal, warum?« Ich wollte mich nicht blamieren, wollte das, was ich selber absonderlich fand, hier vor ihnen verteidigen. »Es ist, glaube ich, der Versuch, durch das Tier an diesen komplizierten Text heranzukommen.« Meine Großmutter rief meinem Großvater zu: »Er will so an den Text rankommen!« »Als Nilpferd?«, fragte mein Großvater. Meine Großmutter schlug sich die Hände an die Stirn. »Du Armer, wer hat sich denn diesen Humbug ausgedacht?« »Unsere Mentorin. Gretchen Kinski.« »Was bitte, Gretchen Kinski? Die Gymnastiklehrerin?« »Nein, die macht mit uns Improvisationen, gibt auch Rollenunterricht.« »Hermann, stell dir vor, er hat Rollenunterricht bei Gretchen Kinski!« »Was, bei der Gymnastiklehrerin?« »So hab ich es verstanden.« Elementar erschüttert wiederholte sie das Unglaubliche: »Die war doch früher, als ich da noch unterrichtet habe, nichts weiter als eine Gymnastiklehrerin.« »Aha!«, sagte ich ratlos. Mein Großvater wollte es nun ganz genau wissen. »Jetzt erkläre mir das mal bitte: Was hat ›Effi Briest‹ mit einem Nilpferd zu tun?« Ich überlegte lange. »Na, nichts«, sagte ich, »genau das ist ja die Idee.« Mein Großvater lächelte. »Diese Antwort ist für einen Philosophen eine echte Herausforderung!« Meine Großmutter applaudierte ihm, drei kurze angedeutete Beifallsklatscher. Das tat sie andauernd, wenn sie seinen spitzfindigen Äußerungen huldigte. »Ach, du armer, armer Junge! ›Effi Briest‹ mit der Gymnastiklehrerin! Arme Effi!« »Wie bitte?«, mischte sich mein Großvater erneut ein. »Arme Effi, hab ich gesagt.« Mein Großvater schüttelte den Kopf und triumphierte mit: »Armes Nilpferd!« Wir alle drei lachten, und ich schenkte mir noch einen Whisky ein. »Morgen lernen wir unsere Lehrer kennen und dann geh ich in den Zoo und schau mir mal so ein Nilpferd an.« »Früher«, meine Großmutter spülte sich den

Whisky durch ihre etwas zu weiß geratenen Schneidezähne, »früher, da hat man auf einer Schauspielschule an Rollen gearbeitet und ist nicht in den Zoo gegangen.« »Rollenarbeit gibt es erst ab dem zweiten Jahr.« »Du lieber Himmel, und was macht ihr denn das ganze erste Jahr?« »Viel Improvisation, Körperarbeit, Workshops, haben sie gesagt, Gesang, Sprecherziehung sicher auch.« »Na, immerhin. Du musst dein Norddeutsch in den Griff bekommen. Es heißt nicht Kese, sondern Kääse und auch nicht Medchen, sondern Määdchen. Leider hör ich so was ja alles. Das ist eine solche Unart von dir, mein Lieberling!«

Meine Großmutter war tief in ihrem Sessel zusammengesunken. Vielleicht war ihr durch meinen Bericht die Zeit, als sie noch als Schauspiellehrerin gearbeitet hatte, wieder in den Sinn gekommen. Das viele Nichtstun in diesem wunderschönen Haus war ihr oft eine Last. Mein Großvater begann davon zu schwärmen, wie er einst »Effi Briest« mit neunzehn auf einer Wanderung durch die Karpaten gelesen hatte. Er hielt inne, überlegte und fragte: »Wie hieß noch mal der Mann von Effi? Von Stetten?« Meine Großmutter drückte sich ruckartig im Sessel nach oben und rief: »Von Stetten? Hermann, ich bitte dich. So einen Unsinn habe ich schon lange nicht mehr gehört! Er hieß doch … Herrschaftszeiten, wie hieß der noch mal?« Ich hatte keine Ahnung.

Sie dachte nach, sah dabei aus wie jemand, der bedrohliche Stimmen hört. »Wartet mal kurz«, sie musste wegen ihres schmerzenden Beines einen Augenblick verharren, bevor sie das Zimmer verließ. Ich hörte sie die Treppe hochgehen, den unterschiedlichen Klang ihrer Absätze, da das eine Bein nicht so belastbar war wie das andere.

Mein Großvater schüttelte gerührt den Kopf. »Jetzt holt sie das Buch. Es lässt ihr keine Ruhe, etwas nicht zu wissen.« Wir warteten auf die Rückkehr der Großmutter. Wenn sie nicht im Zimmer war, verfiel ich mit meinem Großvater in ein ratloses Schweigen. Ihn beunruhigte das weit weniger als mich. Ich war eingeschüchtert durch sein würdevolles Aussehen, dadurch, dass der Beruf dieses Mannes das Denken an sich war. Nie verließ mich die Sorge, ihn durch Banalitäten zu langweilen, ihn durch meine Leichtgewichtigkeit in seiner Schwergewichtigkeit zu stören. Lieber schweigen und sich der Illusion der Ebenbürtigkeit hingeben.

Dann wurde deutlich, wie sehr meine Großmutter diejenige war, die die Worte in der Luft hielt, der die Aufgabe zukam, für Lebendigkeit und Leichtigkeit zu sorgen. Das Schweigen meines Großvaters hatte etwas Versteinerndes, als würde mich sein Intellekt mit einer Kruste überziehen.

Meine Großmutter kam mit dem Roman wieder und verkündete: »Innstetten! Baron von Innstetten heißt der.« Und dann schlug sie das Buch mittig auf und las uns ein paar Zeilen vor. Sie machte das großartig: Wurde leise und laut, schneller und langsamer, und alle Bilder erstanden prächtig aus ihrem Vortrag. Am Ende war ich regelrecht ergriffen und landete deshalb umso härter, als mein Großvater sich zu mir vorbeugte und sagte: »Das war doch wirklich toll, oder? Und weißt du was, alles ganz ohne Nilpferd.« Es wurde dann aber noch ein sehr schöner Abend, und wir tranken zu viel und redeten bis Mitternacht.

Und so begann ich denn ein neues Leben: Als erwachsener Enkel im Haus meiner Großeltern und als staunender Anfänger auf der Schauspielschule.

MORITZ HEGER

Mit Panoramablick

Er hat keinen Parkschein gezogen. Er fand keine Münzen. Er zahlt, wo es geht, digital, und es geht mittlerweile fast überall, jedenfalls in seinem Alltag. Allzu lange hat er ohnehin nicht vor zu bleiben: Die Chancen, ohne Ticket davonzukommen, stehen gut.

Hier haben sie nicht nur die alten Automaten, sondern auch das alte Pflaster. Er sieht ein Geldstück golden zwischen zwei Katzenköpfen schimmern. Als Kind hat er sich für jeden Cent gebückt und dann immer eine Zeit lang in der Hosentasche eine Faust darum gemacht.

Als er losfuhr, hat der Vater gesagt: »Danke, dass du das übernimmst. Den Gang nach – hm, hm, hm! Wenn ich früher zu ihr gefahren bin, habe ich am Osthafen geparkt. Aber das haben sie jetzt auch zugebaut. Die gleichen Karnickelställe wie überall, Fake-Klinker davorgeklebt. Völlig überteuert, hab mir die Homepage angeguckt. Sobald es vor dem Fenster glitzert, zahlst du Fantasiepreise. Selbst in einer so unbedeutenden Stadt. Alle wollen sie kleine Jesusse sein. Mit dem Blick übers Wasser gehen.

Hab mir kurz überlegt, ob wir sie da hintun sollen. Aber das sind nur normale Apartments. Wie lange geht das gut? Und wann platzt diese Preisblase?

Sei froh, dass du nicht Architektur studiert hast, Ben.

Kindertraumberufe enttäuschen einen eigentlich immer. Mit BWL bist du gut aufgestellt. Du weißt, ich bin old school. Nicht was machen, nur weil es smart klingt. Breite, darum geht es, und beizeiten Praxis. Das echte Leben ist unersetzbar.«

Er hat sich um fast eine Viertelstunde verspätet. Er hat noch Blumen gekauft, und nicht an der Tankstelle. Mit denen kann man ihr nicht kommen. Selbst wenn man die Folie entfernen würde, würde sie einen solchen Strauß sofort erkennen. Rote Rosen und Schleierkraut, gespritzt mit einem Chemiecocktail, seelenlos und nur zum Schuldabtragen gut. Irgendwie hofft er, dass sie Tankstellenblumen noch erkennen würde. Er hat sie, rasch rechnet er, über drei Jahre nicht gesehen. Hoffentlich ist sie nicht so senil geworden, dass sie nur noch zu allem lächelt. Obwohl das seine Mission vereinfachen würde.

Er sieht an den Fronten ihres Blocks hoch. Mehrheitlich Nachkriegsbauten, manche haben sie mittlerweile in Dämmplatten eingepackt. Geschwollen glatte Gesichter mit zu tief liegenden Fensteraugen. Ihr Haus ist das einzige wirklich alte in der Reihe und auch das einzige, zu dem das Wort »stolz« passt. Es ist im klassizistischen Stil erbaut. Über den Fenstern der Beletage und des zweiten Obergeschosses – die Decken sind sicher fast vier Meter hoch und stuckverziert – springen abwechselnd Bögen und Giebel aus rotem Sandstein vor, rund und spitz. Sie wohnt in der Mansarde. »Da wohnten früher die Dienstboten.« Das Dach ist ungedämmt, die Heizkosten gehen durch die Decke, der Vater hat ihm die Abrechnungen gezeigt. »Die Zahlen sprechen eine eindeutige Sprache. Sie versteht das natürlich nicht. Sie wird dir Geschichten erzählen. Meine Mutter ist ein Start-up, lebt von ihrem Narrativ. Man muss nicht unnötig gemein sein, aber harte Fakten sind manchmal hart.«

Als sie noch regelmäßig mit der ganzen Familie zu Besuch kamen, hat sie, selbst wenn sie mal nicht verspätet waren, im Fenster gelegen, so ungeduldig hielt sie Ausschau. Einmal, da war er vielleicht fünf, hat er von der Ecke vorne »Huhu, Oma!« hinaufgeschrien und sie genauso laut zurück: »Huhu, Benny!« Wildes Winken. Seine Mutter fand das peinlich. »Die fällt noch raus«, hat sie zum Vater gesagt. Ein Satz, den ein Kind sich merkt. Weil es ihn sich ganz konkret vorstellt: dass die Oma auf den Bürgersteig plumpst, vor ihre Füße. Aber ohne zu schreien oder zu bluten, eine verdutzte Puppenoma, wie aus dem Comic.

Heute bilden die Gaubenfenster eine geschlossene Reihe, in der sich dunkel leuchtend und doppelt fern Himmelsstücke spiegeln. Insgesamt siebenmal drückt er den Klingelknopf, beim letzten Mal lang. Endlich surrt – er hat schon daran gedacht, was wäre, wenn er einen Krankenwagen rufen müsste – der Öffner. Als er um die letzte Wende der Treppe herumkommt, sieht er sie oben in der Tür stehen, ganz hell gekleidet: »Hallo Oma.«

»Hallo Benny. Das ist aber schön, dass du die alte Oma mal besuchen kommst!«

War sie immer so klein? Sie betätschelt ihren Hinterkopf, wo das Haar in grauen Flammen absteht. »Ich war eingeschlafen. Wollte ich gar nicht. Aber dann war ich weg. Gott sei Dank hab ich die Klingel gehört.«

»Hier, für dich.« Er hält ihr den Strauß hin. Statt ihn anzunehmen, zieht sie das braune Einwickelpapier neugierig auseinander.

»Papageientulpen! Du weißt, was der Oma gefällt. Du warst so ein künstlerisches Kind. Sind sie nicht wild? Und die irren Farben! Einmal hast du mir einen Drachen gemalt. Und hast mir alles ganz aufgeregt erklärt, das ist der Giftzahn, und das ist das Feuer, was der speit. Das war so süß! Das Grünzeug mach ich raus, das brauch ich nicht. Das tun die rein, damit's nach mehr aussieht. Ich mach Kaffee. Du willst doch Kaffee? Ich hab mir von der Dascha extra Kaffee mitbringen lassen.«

»Gerne.«

»Wie dein Vater. Der hat eine ganze Kanne alleine getrunken. Das sind die nervösen Geistesarbeiter. Die brauchen Kaffee. Und dann werden sie noch nervöser.« Sie lacht.

»Soll ich dir was helfen, Oma?«

»Ach, was. Setz dich rein. Du darfst auf den Thron.«

Die Wände des Wohnzimmers, selbst die Schrägen, sind dicht an dicht mit großen und kleinen Bildern, gerahmt und ungerahmt, bedeckt: Fotos, ausgerissene Zeitschriftenseiten, Kunstdrucke, Postkarten, dazwischen echte Gemälde mit grellbunten Farbkrusten. Lauter Echsen und dicke Frauen mit üppigen Brüsten und Hintern. Leguane, die ihre Zehen lasziv über Felsbrocken hängen, schielende Chamäleons, grinsende Krokodile. Er glaubt, dass er damals eines der Bilder einfach abgemalt hat. Weil er noch nicht so gut malen konnte, wurde es sein eigenes.

Die stoischen Echsenblicke – sie gucken einen nicht an und verfolgen einen doch – scheinen ihm in einem geheimen Verhältnis zum Himmel zu stehen, wie er ihn von der

Straße aus in den Mansardenfenstern sah: In beiden Fällen bekommt man einen Einblick in eine andere Welt, die man aber, er jedenfalls, nicht betreten kann.

Seiner Mutter war es immer zu viel an draller weiblicher Nacktheit hier. Seiner Schwester auch, zumal als sie in die Pubertät kam. Aber das war nicht der Hauptgrund, warum die Besuche immer seltener wurden. Muss es für alles einen Hauptgrund geben? Sind nicht manchmal einfach Welten unvereinbar? Für Menschen gibt's keine Norm wie neuerdings für Ladegeräte, folglich gibt's jede Menge Inkompatibilität. Dafür hat man die Marktwirtschaft erfunden: um das Inkompatible über den Preis kompatibel zu machen. Er ist kein Kapitalismuskritiker, das wäre auch komisch. Er stellt das nur fest.

Der Thron ist eigentlich ihr Sessel und noch eigentlicher ein Opastuhl, wie sie es nennt. Ein mit braunem Leder bespannter, steillehniger Ohrensessel, den sie von ihren Großeltern, seinen Ururgroßeltern, geerbt hat. Ein Haufen bunt gemusterter Kissen liegt darin. Er erinnert sich an ein Märchen, das sie in der Unterstufe illustriert haben: *Die Prinzessin auf der Erbse*. Sie lag auf zwanzig Matratzen und spürte die Erbse doch. Er hat jeder Matratze ein eigenes Muster verliehen. Aber er glaubt nicht, dass er überdurchschnittlich künstlerisch begabt war. Dennoch ist es irgendwie schön, dass sie es glaubt. Er setzt sich auf die Sofakante.

»Und? Was verschafft mir die Ehre? Du hast doch einen Grund, warum du plötzlich kommen willst, gib's zu.«

Nun ist das Geplänkel – wie es ihm am Studienort so geht, wie den einzelnen Verwandten – also vorbei. Seufzend lehnt er sich zurück, schlägt die Beine übereinander und legt einen Arm auf die Rückenlehne. Wie jemandem um die Schultern. Wie es der Vater in solchen Situationen zu tun pflegt.

»Willst du noch einen?« Schon hat sie die Kanne gehoben. »Der ist ganz allein für dich.«

»Nein. Nein, danke.«

Sie hat schon gegossen und zieht die Kanne zur Seite, wobei sie aber gekippt bleibt, sodass ein garstiger Fleck den hellen Teppichboden tränkt.

»Oh. Soll ich den …« Eilig will er aufstehen, doch zieht sie ihn, überraschend behände, am Hemdsärmel nieder. »Lauf jetzt nicht weg.«

»Oma, wir müssen reden.«

Wie ein kleines Tier sieht sie ihn an. Keine Echse, etwas mit Fell, das mit großen Augen aus dem Loch seines Baus äugt.

»Du schaffst die Treppe nicht mehr.«

»Ach was, ich schaff die noch gut.«

»Es sind 84 Stufen, ich hab sie gezählt.«

»Ich hab die nie gezählt.« Lächelnd schüttelt sie über ihre seltsame, liebenswerte Verwandtschaft den Kopf.

»Wann warst du das letzte Mal draußen?«

»Ach. Die Dascha bringt mir ja alles mit, was ich brauch.«

»Das ist kein Zustand, Oma, das weißt du.«

»Was ist schon ein Zustand? Alles fließt. Das hat schon der Sokrates gesagt. Alles fließt, wie unser Vater …«, sie macht eine Geste ins durch die Gaube kanalisierte leuchtend graue Tageslicht, eine Geste, die ausdrückt, der Fluss kann ruhig bleiben, wo er ist. Und nun beginnt sie wahrhaftig mit dünner Stimme zu singen und sich im Walzertakt auf ihrem Kissenthron zu wiegen: »Ich hab den Vater Rhein in seinem Bett gesehen, ja, der hat's wunderschön, der braucht nie aufzustehn …«

Innehaltend, in verändertem interessierten Ton: »Hast du eigentlich mal eine Freundin? Gib's zu. Bring die doch mal mit, Benny. Ist sie hübsch? Du hast früher so süße Locken gehabt. – Immer nur Arbeit ist auch nix. Man muss auch mal ein Eis essen gehen.«

»Oma, deine Rente reicht nicht mehr. Es ist alles teurer geworden, Miete, Nebenkosten, das weißt du doch.«

»Ich schränk mich ein.«

»Du schränkst dich seit Jahren ein. Außerdem, die Wohnung ist viel zu groß für eine Person allein.«

»Ihr könnt mir ja ein bisschen … Euch tut das ja nicht weh.« Bittend blickt sie die Blumenvase an, während ihre Finger an der Serviette herumnesteln. Der geneigte Kopf mit der Pergamentwange, die präsentierte faltig-sehnige Halsseite, es ist eine Demutsgebärde und zugleich die Haltung eines umworbenen Mädchens. Einer eigensinnigen, lebenslänglichen Prinzessin.

Auf einmal meint der junge Mann etwas an seinem Vater zu verstehen, dem erfolgreichen Unternehmer, der nie ein normales Verhältnis zu seinem Erfolg hat, immer angeberisch ist und im nächsten Satz das Erreichte herunterspielt. Der nach drei Wein vom Ironiker zum Melancholiker mutiert und bei dem man Angst haben muss, irgendwann wird er zum Säufer. Wenn er es nicht schon ist, der Führerschein ist augenblicklich weg. Der nicht selten vierzehn Stunden arbeitet, aber so tut, als wäre alles ein Spiel. Der immer nur »meine Mutter« sagt, nie »Mama« oder »Oma«. Hat diese kleine Frau ihren Sohn für seine mannhaften, mitunter kühnen Leistungen jemals so von Herzen gelobt, ja gefeiert wie ihn, den verbummelten, ehrgeizlosen Studenten, für ein altes Kinderbild, das im Grunde einen Mangel an Können offenbarte – das vielleicht niedlich war, aber vollkommen unerheblich?

»Ihr könntet die Wohnung doch kaufen«, sagt sie hoffnungsvoll und so, als wäre mit der Vase zu verhandeln. Sie zieht eines der straffen hellgrünen Tulpenblätter, das in die Öffnung geknickt war, heraus. »So gehört es sich. Freie Entfaltung für alle. – Irgendwo müsst ihr das Geld doch anlegen. Hier ziehen jetzt immer mehr junge Familien hin. Unten wohnen die Schellings. Zwei kleine Kinder und kein Auto. Respekt. Sie haben ein E-Bike mit einer Kiste vorne dran, da setzen sie sie rein. Auch die Frau sitzt tapfer im Sattel, und das ist ein ganz schön langes Gefährt. Bestimmt schwer. Das sieht lustig aus, wenn sie drei Mann hoch auf Kaperfahrt fahren. Die heißen Hein und Pit«, sie lacht. »Früher hätten nur Friesen solche Namen … Die Zeiten ändern sich. Die Magdalena ist so nett, die bringt mir die Milch.«

»Die Wohnung ist gekündigt, Oma«, sagt er tonlos.

»Was? Das geht doch nicht. Das könnt ihr nicht machen. Wo sollen denn die ganzen Sachen hin?«

»Die kannst du eh nicht alle mitnehmen.«

»Ich will nichts mitnehmen!«

»Zum 1. 7. hast du einen schönen Heimplatz. Mit Panoramablick. Da kann man auch ein paar Bilder aufhängen und ein paar eigene Möbel … Ausgewähltes. Deine Lieblingsstücke. Es ist ein wirklich gutes Heim, es hat die höchsten Bewertungen.«

»Ich entzieh euch die Vollmacht!«

»Das kannst du nicht mehr, Oma. Das weißt du doch. Irgendwer muss sich um deine Angelegenheiten ...«

»Gar nichts weiß ich!«

Hell empört sitzt die kleine Frau frontal zu ihm in der Rahmung des wuchtigen, würdevollen Lehnstuhls. Er kann nicht anders, er sieht die Flecken auf ihrem Pullover, ihrem Rock. Manche hat sie rauszureiben versucht, sodass sie blasser und größer geworden sind. Bei einem Kind würde man es die Speisekarte nennen. Ein Kind würde man in die Badewanne stecken, und die Kleider in die Kochwäsche.

»Es ist zu deinem Besten«, er kommt sich vor wie ein Lügner. Wie wenn seine Worte Karten wären, die er ausspielt. Man kann sie umdrehen, von der Lüge zur Wahrheit zur Lüge, sie mögen Werte haben, aber bleiben körperlos. »Das Heim liegt auch viel näher zu uns, da können wir dich viel öfter ...«

»Meinst du, ein Heimplatz kommt euch billiger?! Die kosten ein Schweinegeld, diese Heime, ich hab's ja gehört! Ein Schweinegeld! Da lieg ich lieber im Sarg, als dass ich mit lauter Alten, die den ganzen Tag apathisch im Rollstuhl sitzen und denen der Sabber runterläuft, zusammenwohne. Weißt du, wie Alte stinken?! Nach Tod!«

Ihn schwindelt. Ihm ist, als entfernte sich die Kamera zügig und vakuumerzeugend in den Himmel. Klein sitzen sie in der Totale auf einer Höhe – der Dachstuhl ist abgetakelt, ein Gerippe. Ein Schneewittchensarg auf der obersten Geschossdecke und davor ein grellbunter Strauß dickstängelig sich schlängelnder Frühlingsblumen. Die Kleider der Toten sind von einem sie entrückenden Weiß, Gesicht und

Hände schauen grau heraus. Ihre Miene mit den geschlossenen Lidern echsenstarr – man hat das Gefühl, die Großmutter hat ein nur für sie wahrnehmbares, wildes Aroma in der Nase …

»Wo willst du denn hin, Oma?«

Sie ist schon an der Tür, sieht sich nicht um. »Ich zeig's dir. Ich zeig's euch allen!«

Bei der kleinsten Berührung an der Schulter schlägt sie unwirsch mit dem Ellbogen aus. Ihm bleibt nichts übrig, als sie, die sich ans Geländer klammert wie ein Ertrinkender an die Planke, hinabklettern zu lassen, langsam, unbeirrbar, Fuß vor Fuß. Er hofft nur, dass sie niemandem begegnen, keiner Dascha oder Magdalena. Als der Handlauf im Parterre an einem säulenhaft gedrechselten Pfosten endet, löst sie sich und tappt über den dunkel glänzenden Terrazzoboden Richtung Ausgang. Mit ungeahnten Kräften zieht die kleine Frau die schwere Holztür auf, sodass das Tageslicht breit eindringt. Bei den letzten Stufen kann sie sich nirgends halten. Sie lässt erst den einen Fuß wie einen Klumpen in die unbekannte Tiefe hinunter, dann den anderen. Sie gönnt sich kein Verschnaufen, sondern tappt davon.

Am Rhein holt er sie ein. »Oi, oi, oi«, sagt sie. »Unser Vater ist ganz schön hoch.«

»Es kam ja auch in den letzten Tagen einiges runter.«

»Aber jetzt ist es schön. April, April, macht, was er will.«

Es ist nicht nur ein Spruch, sie hat recht. Der Himmel tiefenscharf, sein helles Blau scheint von innen zu strahlen. Aus der geschlossenen Bedeckung, die sich auf der Herfahrt mehrfach zu Schauern eindunkelte und niederdrückte, sind einzelne, durchaus massive, leuchtend grau-weiße Wolkenschiffe geworden, die das Sonnenlicht – sie selbst ist verborgen – zur Flotte modelliert. Sie haben Knubbel und Türme, stolze soziale Gebilde, sie ziehen nicht in die Schlacht gegen irgendwen, sondern queren die Welt und ziehen sie dadurch weit auf wie zwei Hände am Morgen die Vorhänge.

»Willst du dich nicht setzen?«, fragt er. »Da ist eine Bank.«

»Ach, mir reicht das.« Sie pflanzt sich auf einen Poller zum Vertäuen von Schiffen. Er hat die gleiche Form wie die Blumenvase, nur größer natürlich und umgedreht. Der Enkel geht daneben in die Hocke. »Ach, komm«, sie klopft neben sich auf das hohle Eisen, sodass es leise dröhnt. »Da gehen wir doch zu zweit drauf.«

»Ist schon gut, Oma.«

Irgendwann kommt die Sonne wie ein Spot heraus und erfasst die mit ihrem Sitz zu einer Statue Verschmolzene und den, der immer mal wieder ein paar Schritte tut. Das zu einem goldgelben Sirup konzentrierte Licht verklärt die Welt aus Gebüschen, Stadtmauerresten, Partymüll auf einem Rasenstück und dem übermannshohen Schild mit dem Stromkilometer, von dem er wieder vergessen hat, ob er von der Quelle oder von der Mündung aus gezählt wird. Ihre Schatten sind schon länger als sie, doch hat man das Gefühl, man wirft sie nicht. Schwarze Planken sind sie, auf denen man ganz nach vorne gegangen ist, an die Kante. Jeder Augenblick der Endpunkt von etwas Langem und zugleich immer schon vorbei. Und zugleich schön.

Als gäbe es doch einen Regisseur da oben, schiebt sich,

kaum dass die Erkenntnis stattgefunden hat, wieder eine Wolke vors Erwärmende.

»Da komm ich nicht mehr hoch«, sagt seine Großmutter nach einem längeren Schweigen. »Das ist zu viel heute.«

Irgendwo muss sie schlafen, denkt der Enkel ganz praktisch. Jeder Mensch, solange er lebt, muss ja täglich damit aufhören, Blicke wie Gäste zu empfangen. Die Luke schließen, es warm genug haben, dass es im U-Boot in die Tiefe gehen kann. Ihm kommen Einfälle, ein Hotelzimmer mit Doppelbett und diesen vielen Kissen, die sie heutzutage draufhäufen … Sie in seinen Wagen packen und mit ihr filmreif in die Nacht …

Plötzlich fällt ihm etwas Realistischeres ein: »Soll ich dich tragen, Oma? Du, das ist kein Problem für mich.« Diese leise männliche Angeberei im Angesicht der Frau aus anderen Zeiten.

»Huckepack.« Sie sagt es belustigt, so wie wenn sie sich an Reiterkämpfe ihrer Kindheit erinnert. Er sieht sie einen Moment als Rauferin vor sich. Durften kleine Mädchen das damals? Hat sie sich darum geschert? Konnte man sich in der unmittelbaren Nachkriegszeit einfach um etwas nicht scheren?

»Das ist wirklich lieb, Benny«, sagt sie im Ton, der schon die Absage enthält.

»Dein Vater war so ein ängstliches Kind. Sobald ein Hund auf der Bildfläche erschien, musste man ihn hochnehmen. Auch wenn der nur mit dem Schwanz gewedelt und gar nicht gebellt hat, er hat Rotz und Wasser geheult. – Ich muss mal. Obwohl ich gar keinen Kaffee.«

»Oh. Klar.«

»Das ist der Scheiß im Alter.«

Er nickt.

»Weißt du was, wir gehen ein Eis essen. Früher konnte man da immer aufs Klo. Und es war anständig, nicht so verdreckt. Ich lad dich ein.«

»Aber du hast doch gar nichts dabei.«

»Du legst es mir vor. Ich geb's dir später.«

»Wenn man da mit Karte zahlen kann …«

»Du, *das* weiß ich nicht.« Sie wirft beide Hände auf und lacht.

»Erdbeer. Das war immer mein Lieblingseis. Das nehm ich heute noch manchmal. Torte und so brauch ich nicht. Kalorienbomben. Aber manchmal eine Kugel Erdbeer, ohne Sahne. – Du musst das dann ausräumen. Versprichst du mir, dass du dich drum kümmerst?«

Ich sehe sie an und nicke.

»Und jetzt hilf mir hoch.«

»Ich koche für uns«

Ich hatte mir immer wieder gewünscht, dass meine Großmutter verschwand. Ich schloss die Augen und ließ sie
verschwinden wie ein Zauberer das Kaninchen. Ich steckte
sie in ihren Koffer, klappte ihn zu, und wenn ich ihn wieder
öffnete, war sie weg.

Aber nach und nach gewöhnte ich mich daran, dass meine
Großmutter bei uns war. Die Tage flossen ineinander, und
meistens wusste ich abends nicht mehr, bei welchem Arzt
sie morgens gewesen war.

Der erste Arzt, zu dem Ahmed meine Großmutter gefahren hatte, war ein Hausarzt. Der hatte meine Großmutter untersucht und sie dann zum Ohrenarzt geschickt,
um den Schwindel abzuklären, aber der Ohrenarzt fand
keine Ursache. Dafür stellte er fest, dass meine Großmutter
ein bemerkenswert gutes Gehör hat. Danach saßen meine
Großmutter und meine Mutter wieder beim Hausarzt im
Wartezimmer. Der Hausarzt überwies meine Großmutter zum Kardiologen, und der Kardiologe machte eine
ganze Reihe Tests mit ihr. Ultraschall, EKG, Belastungs-EKG
und verordnete ein Langzeit-EKG. Mit dem Herzen meiner
Großmutter war alles in bester Ordnung. Meine Großmutter beharrte trotzdem darauf, dass etwas damit nicht
stimmte.

»Es setzt aus, es schlägt doppelt, es schlägt zu schnell, es ist das reinste Chaos«, sagte sie, und da untersuchte der Kardiologe sie ein zweites Mal. Er kam zu dem gleichen Schluss wie zuvor: Das Herz meiner Großmutter war fit wie das eines jungen Mädchens.

In der dritten Woche verlor ich den Faden. Ich weiß nur, dass meine Großmutter auch noch zum Gastroenterologen, Orthopäden, Diabetologen, Allergologen, Neurologen und zum Rheumatologen ging, allerdings würde ich meine Hand nicht dafür ins Feuer legen, dass das die richtige Reihenfolge war.

Und ebenfalls in der dritten Woche verlor meine Mutter die Geduld. Natürlich hätte sie das niemals zugegeben. Aber ich wusste es auch so.

»Wenn man einmal mit dieser Arztsache angefangen hat, dann kommt man nicht wieder raus«, sagte sie und direkt danach: »Ich bin mal kurz unten.«

Nachdem ich über eine Stunde gewartet hatte, dass sie zurückkam, suchte ich sie.

Ich fand meine Mutter im Nissan.

»Führerschein und Fahrzeugpapiere«, sagte ich mit tiefer Stimme. Meine Mutter zuckte zusammen. Sie hatte die Scheiben halb heruntergelassen. Das ganze Auto roch nach Rauch und nach etwas anderem, irgendwie süßlich. Der Aschenbecher stand auf dem Beifahrersitz, sie hatte ihn aus Alufolie selbst gebastelt. Darin lagen drei Kippen, alle nur halb aufgeraucht.

»Gottverdammt, musst du mich so erschrecken?«, fluchte meine Mutter und drückte eilig eine weitere Kippe aus. Von der Zigarettenleiche stieg ein letzter, dünner Rauchfaden auf. Ich wusste, dass meine Mutter heimlich rauchte, und sie wusste wahrscheinlich, dass ich es auch tat.

»Ha! Du bist abgehauen«, sagte ich.

»Bin ich nicht«, sagte meine Mutter.

»Weil du von deiner Mutter genervt bist.«

»Bin ich nicht«, sagte meine Mutter.

»Du kannst es ruhig zugeben, dass du jetzt lieber in Frankreich am Strand liegen würdest und dich in der Sonne braten und einen Kokosnuss –«

»Ich muss gar nichts zugeben, weil es nicht so ist«, sagte meine Mutter.

»Kommst du mit hoch?«

»Ja, gleich. Geh schon vor.«

Ich seufzte und verschwand.

Als ich in die Wohnung kam, lag meine Großmutter auf dem Sofa und hörte Musik.

»Márta Sebestyén?«, fragte ich.

Meine Großmutter setzte sich auf. Sie leuchtete, als hätte jemand eine Kerze in ihr angezündet. »Woher kennst du Márta?«, fragte sie, als wäre die Sängerin eine Freundin von ihr.

»Ich höre gerne ungarische Musik«, sagte ich. »Kennst du Ando Drom?«

Meine Großmutter schüttelte den Kopf.

Ich ging in mein Zimmer, zog eine CD aus meinem Regal und gab sie meiner Großmutter.

»Eine Roma-Musikgruppe?«, fragte sie.

»Ja.«

Ich legte die CD ein, und die Augen meiner Großmutter glänzten. Sie begann sofort mitzuwippen.

»Sehr schön!«, brüllte sie, und ich machte ein bisschen leiser. »Ich wusste gar nicht, dass man diese Musik in Deutschland kaufen kann.«

»Ich habe die CDs in der Bücherei ausgeliehen«, sagte ich.

»Sehr schön«, sagte meine Großmutter noch einmal. »Man darf nie vergessen, woher man kommt.«

In diesem Moment kam meine Mutter ins Wohnzimmer. »Was ist denn hier los?«

»Eine Party«, sagte ich.

»Aha«, sagte meine Mutter. »Das ist die schlechteste Party, auf der ich jemals war.«

»Du musst es ja wissen«, sagte meine Großmutter.

Meine Mutter warf meiner Großmutter einen scharfen Blick zu.

»Wann musst du heute in der Bar sein?«, fragte ich meine Mutter.

»Erst um acht«, sagte sie.

»Das sind ja noch fünf Stunden!«, stellte ich fest. In fünf Stunden konnte man ins Schwimmbad gehen, man konnte in der Stadt ein Eis essen, man konnte zwei Filme sehen oder über den Flohmarkt bummeln.

»Ich koche für uns«, sagte meine Großmutter. »Sag deiner Freundin, dass wir sie heute zum Abendessen einladen.«

»Du könntest fragen, ob wir einverstanden sind«, sagte meine Mutter.

»Seid ihr einverstanden, heute Abend etwas zu essen, das nicht mit ›Tiefkühl-‹ beginnt?«, fragte meine Großmutter. »Ihr müsst mehr Gemüse essen!«

Ich grinste.

Meine Mutter fand das überhaupt nicht witzig. Sie verschränkte die Arme und sah aus, als ob sie sich gleich übergeben müsste. Ich hatte keine Ahnung, warum, aber es kam mir so vor, als ob meine Mutter umso gereizter wurde, je besser ich mich mit meiner Großmutter verstand. Natürlich wäre ich lieber mit meiner Mutter allein gewesen. Aber es sah nicht so aus, als ob meine Großmutter bald wieder verschwinden würde. Also versuchte ich, Frieden damit zu schließen, dass sie da war.

Manchmal unterhielt ich mich eine Weile mit ihr, wenn meine Mutter zur Arbeit gegangen war. Meistens erzählte sie dann Sachen über Ungarn.

Sie erzählte mir, dass ein Ungar den Zauberwürfel erfunden hatte, dass in Ungarn die größten Paprika der Welt wuchsen (»Sie können fünfzig Zentimeter lang werden!«), dass Kinder und Rentner kostenlos mit dem Bus und der Metro fahren dürfen und dass ungarische Eltern den Namen ihres Babys aus einer Liste auswählen müssen.

»Was für eine Liste?«, wollte ich wissen.

»Eine Liste mit gesetzlich genehmigten Namen. Sie wird von der Akademie der Wissenschaften herausgegeben.«

»Steht Billie da drauf?«

»Natürlich nicht!«, sagte meine Großmutter. »Deshalb ist dein Name Erzsébet.«

»Meine Mutter hat nichts von einer Liste erzählt. Sie hat gesagt, dass ich Erzsébet heiße, weil du gegen Billie warst.«

Meine Großmutter lachte. Es klang ein bisschen wie Hundegebell. »Deine Mutter macht sowieso, was sie will. Deshalb ist es gut, dass es Gesetze gibt.«

Manchmal versuchte ich, etwas über meine Mutter herauszufinden. Einmal sagte meine Großmutter: »Deine Mutter wollte, dass du es gut hast. Sie wollte, dass du in Deutschland ein besseres Leben hast.«

»Ein besseres Leben?«, hakte ich nach.

Meine Großmutter nickte. »Ja. Bildung und, wie heißt das?«

Ich hatte keine Ahnung, welches Wort sie suchte.

»Mehr soziale Teilhabe. So sagen sie das im Fernsehen.«

Wir schwiegen einen Moment lang.

Dann sagte meine Großmutter: »Deine Mutter wollte immer weg. Deshalb ist sie auch abgehauen.«

»Nach Deutschland oder wie?«

»Zuerst nach Budapest. Ich bin vor Sorge fast verrückt geworden. Sie war erst vierzehn.«

»Was? Hast du sie nicht gesucht?«

Meine Großmutter schnalzte mit der Zunge. »Das hätte sie nicht gewollt.«

»Warum nicht?«

»Als Marikas Vater gestorben ist …«, begann meine Großmutter. Sie schaute auf ihre Hände und schwieg. Schließlich sagte sie: »Wenn du ein Teil aus einem Puzzle nimmst, stimmt das ganze Bild nicht mehr.«

»Und was hat sie in Budapest gemacht?«, fragte ich.

»Sie wollte Tänzerin werden.«

Ich sah meine Mutter vor mir. Ihre Arme und Beine waren viel graziler und länger als meine. Ich sah sie vom Zehn-Meter-Turm springen, ich sah ihre Körperbeherrschung. Immer, wenn sie ins Wasser eintauchte, spulte ich meinen inneren Film zurück. Dann flog sie nach oben, zurück auf die Plattform.

»Und wie ging es dann weiter?«, fragte ich.

»Das fragst du sie am besten selbst«, sagte meine Großmutter. Sie griff nach ihren Sticksachen. Den Kopf des
mongolischen Steppenpferds hatte sie schon fertig.

*

Ich rief Lea an, um sie einzuladen, aber ein Teil in mir
wollte, dass sie keine Zeit hatte. Lea war erst ein einziges
Mal bei uns zu Hause gewesen. Sie hatte nichts dazu gesagt,
wie wir wohnten, aber ich hatte das Mitleid in ihren Augen
gesehen.

Und plötzlich hatte ich mich geschämt.

Dafür, dass wir wenig Geld hatten. Dafür, dass draußen
überall Müll herumlag. Wir nannten das Areal hinter unserem Wohnblock Schrott-Friedhof. Die Leute luden dort
alles ab, was sie nicht mehr haben wollten. Fernseher, Heiz-
lüfter, Minibacköfen. Es war auch schon vorgekommen,
dass jemand einfach etwas über die Brüstung warf. Deshalb war es gefährlich, dort entlangzugehen. Das war eines der wenigen Verbote, die meine Mutter ausgesprochen
hatte. Einmal war uns eine Matratze entgegengekommen,
als wir in den Himmel schauten. Die Matratze hatte große
ockerfarbene Flecken, als sei einer darauf gestorben. Meine
Mutter sagte: »Das ist gut möglich.« Und dann: »Beim
nächsten Mal fällt vielleicht ein Mensch vom Himmel.«
Meine Mutter lachte, aber ich musste an Uta und Heinz
denken.

Lea hatte Zeit und sagte zu.

Und ab da waren wir mit den Vorbereitungen beschäftigt. Meine Großmutter schrieb eine lange Einkaufsliste. Sie war so lang, dass meine Mutter und ich unmöglich alles zu Fuß nach Hause schleppen konnten. Also nahmen wir den Nissan.

»Wofür braucht sie diese ganzen Sachen?«, fragte ich meine Mutter, als wir im Supermarkt Vanilleschoten und Nelken suchten.

»Wenn deine Großmutter jemanden zum Essen einlädt, dann macht sie keine halben Sachen«, sagte sie.

Und das stimmte.

Meine Großmutter stand vier Stunden in der Küche. Sie kochte und buk gleichzeitig, und am Ende duftete unsere ganze Wohnung.

Als es klingelte, stellte meine Großmutter gerade die letzte Schüssel auf den Küchentisch und wischte die Hände an ihrer Schürze ab. Ihre Wangen waren rot, und ihre Stirn glänzte feucht, als sie Lea die Hand entgegenstreckte.

»Herzlich willkommen!«, sagte sie auf Deutsch.

»*Köszönöm*«, sagte Lea.

Meine Großmutter legte ihr den Arm um die Schultern und führte sie in die Küche. Dann präsentierte sie Lea, was sie gekocht hatte. »Alle diese Speisen …«, begann sie auf Ungarisch, stieß ihren Ellenbogen in meine Seite und sagte: »Kannst du übersetzen?«, und ich übersetzte: »Alle diese Speisen sind ungarische Köstlichkeiten.«

Wir setzten uns.

Meine Großmutter nahm zuerst Leas Teller. Sie stapelte das Essen darauf, und dann belud sie die restlichen Teller.

Anschließend senkte sie den Kopf, faltete die Hände und sagte: »Von Deiner Gnad, Herr, leben wir, und was wir haben, kommt von Dir. Drum sagen wir Dir Dank und Preis, tritt segnend ein in unsern Kreis. Amen.«

Zur Vorspeise gab es *Töltött tojás*, das waren gefüllte Eier, und Gurkensalat. Bis wir die Vorspeise gegessen hatten, wusste meine Großmutter schon, welche Schulfächer Lea am liebsten mochte, was sie einmal werden wollte, welche Partei ihre Eltern wählten, ob sie gerne kochte, ob sie schon einmal in Ungarn gewesen war, ob sie Geschwister hatte, ob sie an Gott glaubte und ob sie schon einen Freund hatte.

Jedenfalls dachte meine Großmutter, dass sie es wusste. Ich sorgte dafür, dass meine Großmutter und Lea sich bestens verstanden. Ich ersetzte alle peinlichen Fragen durch harmlose. Und gab meiner Großmutter die liebenswürdigsten Antworten.

Meine Mutter hielt den Mund. Nur ein einziges Mal konnte sie sich nicht zusammenreißen und verschluckte sich vor Lachen, so heftig, dass meine Großmutter ausholte und ihr fest zwischen die Schulterblätter schlug. Das Kartoffelstück flog durch die ganze Küche.

Nach dem Essen zogen wir ins Wohnzimmer um, und meine Großmutter schenkte Schnaps für alle ein.

»Auf Ungarn!«, sagte sie und hob ihr Glas.

»Auf Ungarn!«, sagte Lea.

»Auf Ungarn!«, sagte ich.

Nur meine Mutter sagte nichts.

»Warum stößt du nicht mit uns an?«, fragte meine Großmutter.

»Ich stoße nicht auf Ungarn an«, sagte meine Mutter und verschränkte die Arme.

»Ungarn ist deine Heimat«, sagte meine Großmutter. »Was ist falsch daran, auf die Heimat anzustoßen?«

»Ich habe keine Heimat«, sagte meine Mutter. »Ich habe nur mein Kind.« Meine Mutter trank den Schnaps aus und griff nach der Flasche.

»Du erzählst Unsinn, Marika«, sagte meine Großmutter. Ihr Tonfall war scharf. Dann nahm sie meiner Mutter die Flasche aus der Hand.

»Darf Billie heute bei mir übernachten?«, fragte Lea. Überrascht sah ich sie an. Wir hatten nicht darüber gesprochen. »Meine Eltern sind heute Abend nicht da«, flüsterte sie in meine Richtung, aber uns beachtete sowieso niemand.

Meine Großmutter und meine Mutter diskutierten miteinander, und als ich »Darf ich?«, fragte, sah meine Mutter nur einmal kurz zu mir rüber und sagte: »Ja, ja, kein Problem.«

Leas Eltern waren ausgegangen, zum Ball einer Wohltätigkeitsorganisation. Lea sagte, dass der Ball irgendwas mit den rumänischen Hunden zu tun hatte.

Wir saßen auf der weißen Ledercouch, aßen Süßigkeiten und tranken Cola. Lea hatte ihre Brüder nach oben geschickt. Sie spielten mit schokoverschmierten Mündern in ihren Zimmern, die Hosentaschen voller Gummibärchen.

Die Süßigkeiten hatte ich zu Hause noch schnell in meinen Rucksack gesteckt. Ich wusste, dass Leas Brüder verrückt nach ungesundem Kram waren, weil sie nie welchen essen durften.

»Die armen Kleinen«, hatte meine Mutter gesagt, als ich ihr einmal davon erzählte, und dann hatte sie noch ein paar Extra-Schokoriegel in den Einkaufswagen gelegt.

Der Fernseher lief, aber wir sahen nicht hin.

»Streiten deine Großmutter und deine Mutter oft?«, fragte Lea.

»In den letzten Tagen ist es schlimmer geworden.«

»Es ist ganz schön eng bei euch. Ich könnte so nicht leben. Kein Wunder, dass ihr euch gegenseitig auf die Nerven geht. Du kannst immer kommen, wenn du es nicht mehr aushältst.«

»Danke«, sagte ich und begann, an der Couch herumzuspielen. Die Couch hatte in einer Ritze zwischen Sitzfläche und Armlehne silberne Knöpfe. Je nachdem, auf welchen Knopf ich drückte, bewegte sich leise surrend das Kopf- oder das Fußteil. Das Surren klang wie das Schnurren einer Katze.

»Weißt du schon, wie lange deine Großmutter noch bleibt?«, wollte Lea wissen.

Ich schüttelte den Kopf.

»Immerhin seid ihr jetzt fast eine richtige Familie. Und deine Großmutter kocht echt lecker.«

Irgendetwas war falsch an Leas Worten, aber ich wusste nicht genau, was.

Erst später wurde mir klar, dass die Sache mit Lea nur auf den ersten Blick eine normale Freundschaft war. Meine Freundschaft mit Lea war wie ein Haus mit Treppen, die nirgendwohin führten, und mit Türen, hinter denen ein Abgrund lauerte.

In dieser Nacht rückte Lea nah an mich heran, wie sie

es immer tat. Wenn ich bei ihr übernachtete, schliefen wir immer im selben Bett und immer in derselben Position: Lea lag hinter mir, als wären wir siamesische Zwillinge. Ich mochte das. Ich mochte ihren Duft, ihren warmen Atem an meinem Haaransatz und die Schwere ihres Arms auf meinem Körper.

Aber in dieser Nacht schob ich Leas Arm von mir runter. »Es ist zu heiß«, sagte ich und rutschte ein Stück weg.

Irgendwann wachte ich auf, weil ich Durst hatte. Lea lag nicht mehr neben mir. Ich machte kein Licht an, als ich die Treppe hinunterstieg. Die Küchentür war halb offen. Am Tisch saßen Lea und ihre Mutter. Ich zögerte und blieb in der Dunkelheit stehen.

»… gestunken«, hörte ich Lea sagen. »Und am Ende waren die beiden total besoffen und haben gestritten. Es war schrecklich.« Sie kicherte.

»Das liegt an den Polyesterkleidern. Da muss man sich nicht wundern«, sagte Leas Mutter. »Du musst ja nicht noch mal hingehen. Mir ist es sowieso lieber, wenn sie hier ist. Ist wahrscheinlich auch für sie besser.«

Ich musste nicht länger zuhören, um zu wissen, wer gemeint war. Ich ging zurück nach oben, zog mich an, packte meinen Rucksack, und das war's.

Ich stand schon vor unserem Block, als mir klar wurde, dass ich nicht hochgehen würde. Es war mitten in der Nacht. Ich konnte meiner Mutter nicht sagen, was passiert war. Ich konnte ihr nicht sagen, dass Lea sich über uns lustig gemacht hatte. Ich konnte ihr nicht sagen, dass ich meine beste Freundin verloren hatte. Ich wusste, dass es ihr das Herz brechen würde.

Lieber Alter John

Alter John kündigt sich an

Ehe Alter John einzog, gab es einen gewaltigen Krach. Bei Schirmers muss das so sein. Alles Neue oder Außergewöhnliche wird auf jeden Fall ausführlich und meistens auch laut besprochen. Ohne einen ordentlichen Krach geht das Leben in der Familie nicht voran.

Schirmers saßen beim Abendessen in der Küche. Sie ist der größte Raum in dem alten kleinen Haus, in das sie erst vor kurzem eingezogen sind.

Laura und Jakob verfolgten gespannt die Auseinandersetzung zwischen den Eltern. Mutter war dafür, dass Alter John bei ihnen wohne.

Vater hatte, wie er dauernd sagte, so seine Bedenken. »Alter John ist schon fünfundsiebzig«, sagte er. »Er kann doch bald zum Pflegefall werden. Außerdem spinnt er ein bisschen! Das weißt du doch, Irene.«

»Ja?«, fragte Mutter bloß und machte Vater noch wütender. Wenn die Eltern auf hundert waren, vor allem Vater, dann war es vernünftiger, man mischte sich nicht ein. Laura traute sich trotzdem: »Alter John ist doch Mamas Vater«, sagte sie.

Jakob fügte schnell hinzu: »Unser Großvater!«

»Hältst du mich für dämlich«, schrie Vater und trommelte mit der Gabel auf dem Teller.

Mutter machte ihn darauf aufmerksam, dass der Teller kaputtgehen könne.

Vater kümmerte sich nicht darum. Er trommelte weiter und sagte mit vor Zorn zusammengezogenen Augenbrauen: »Ihr habt euch hier überhaupt nicht einzumischen.«

»Aber das ist doch ihr gutes Recht«, fand Mutter, stand auf und zog den Teller unter Vaters wirbelnder Gabel weg. »Die Kinder werden genauso mit Alter John zusammenleben wie wir.«

»Na ja«, brummte Vater, legte die Gabel ein wenig verlegen auf den Tisch und bohrte mit einem Streichholz in seiner Pfeife.

Jetzt war die Luft raus. Es war immer so. Nach der Aufregung konnte Vater richtig lieb und sanft sein. Aber jeder Fliegendreck regte ihn auf.

Mutter setzte sich wieder hin und fragte in die Runde: »Wollen wir ihm schreiben, dass sein Zimmer fertig ist und er kommen kann? Wir hatten ja damals, als wir den Hauskauf planten, ihm versprochen, dass er zu uns ziehen kann.«

»Los, fang an!«, rief Laura.

»Langsam, langsam«, mahnte Vater. »Wir sind noch gar nicht richtig eingezogen. Es ist noch eine Menge im Haus zu reparieren, zu malen, zu zimmern. Ich weiß nicht, ob wir Alter John da nicht stören.«

»Ach was. Er kann sich nützlich machen«, sagte Mutter. »Es wird ihm gefallen.«

»Du musst es wissen«, sagte Vater und zog kräftig an der Pfeife. »Also, was schreiben wir?«

»Lieber Alter John«, sagte Laura.

»Das ist klar«, sagte Vater.

»Nein, das ist überhaupt nicht klar. Mutter könnte auch schreiben: Lieber Vater, und wir könnten schreiben: Lieber Opa«, sagte Jakob.

Mutter lachte. »Da würde er meinen, wir nähmen ihn auf den Arm.«

Vater wurde schon wieder ungeduldig. »Also, was schreiben wir?« Er stand auf, holte aus dem Küchenschrank einen Block und einen Bleistift. Vater konnte unglaublich schön schreiben. Das musste er in seinem Beruf auch können. Er arbeitete in einem Büro, in dem Plakate entworfen wurden.

Er schrieb: Lieber Alter John. Dann rechts darüber: Dempflingen, den 2.3.1976.

Laura diktierte: »Du kannst jetzt kommen.«

»Da fällst du ihm ja mit der Tür ins Zimmer, in dem er noch gar nicht wohnt.« Vater schüttelte den Kopf. »Alter John hat bestimmt nicht erwartet, dass wir unser Haus so schnell in Ordnung bekommen.«

»Schreib ihm doch«, rief Jakob, »unsere Hütte ist jetzt fertig. Du kannst kommen.«

Mutter war mit allem nicht zufrieden. »Alter John hat so seine Tücken«, sagte sie, »wir müssen ihn, auch im Brief, allmählich vorbereiten.«

Man sah ihrem Gesicht richtig an, wie ihr etwas einfiel. – »Wisst ihr noch, wie Alter John mal mit einem Aufzug fahren wollte, den es gar nicht gab?«

Alle erinnerten sich daran und begannen zu lachen.

Da wohnten sie noch in Stuttgart, in einem Mietshaus,

im vierten Stock. Alter John besuchte sie zum ersten Mal. Er reiste nicht gerne. Von Schleswig, wo er lebte, nach Stuttgart war es eine anstrengende Reise. Mutter, Laura und Jakob hatten ihn vom Bahnhof abgeholt. Sie erkannten ihn sofort, als er aus dem Wagen stieg. Er war lang, dünn, hatte einen schmalen, beinahe ausgemergelten Kopf und an seinem Kinn hing ein ausgefranster Spitzbart. Es sah komisch aus, als Mutter ihn umarmte. So, als ob sie einen Laternenpfahl umklammerte.

Alter John redete nicht viel. Nur wenige Sätze. Doch die hörten sich verdreht an. Alle Ü's klangen wie I's und alle Ö's wie Ä's. Außerdem begann er beinahe jeden Satz mit einem No. Er sagte zum Beispiel: »No, in Stuttgart ist es gar nicht so ibel.«

Als die Kinder lachten, ärgerte sich Alter John keineswegs. Er sagte: »No, so red ich halt! Ich bin aus Brinn, wo auch eure Mutter geboren wurde. Dort redet man so. So und nicht anders. Brinn heißt in Wirklichkeit Brünn. Aber alle Brünner nennen Brünn Brinn.«

Alter John bestand darauf, seinen Koffer selber zu tragen. Als sie unten im Haus angelangt waren, sah sich Alter John kurz um, drückte auf den Lichtknopf, setzte den Koffer ab und blieb abwartend vor der Kellertür stehen. Mutter fragte: »Willst du ein bisschen verschnaufen, Alter John?«

»No«, sagte er, »es ist besser, ihr geht schon voraus.«

»Du traust dir was zu«, sagte Mutter.

Sie gingen die Treppe hoch, erwarteten, dass er gleich nachkomme. Im zweiten Stock hörten sie noch immer nichts von Alter John. Mutter meinte, man müsse nach ihm sehen. Womöglich gehe es ihm nicht gut.

Unten stand Alter John noch immer wie angewurzelt vor der Kellertür und drückte eben wieder ungeduldig auf den Lichtknopf. »Da seid ihr ja wieder«, sagte er. »No, mir scheint, euer Lift ist kaputt.«

»Unser Lift?«, fragte Mutter verdattert.

»No ja, stehe ich hier nicht vorm Lift?«

»Aber Alter John, das ist die Tür zum Keller.«

»No, ist das mäglich?« Er schüttelte den Kopf, öffnete vorsichtig die Tür und lugte die Treppe hinunter. »Es ist mäglich«, sagte er und nahm den Koffer. »Es ist mäglich, dass Menschen so bläd sind und ein sechsstöckiges Haus ohne Lift bauen.«

Dann begannen alle, Alter John eingeschlossen, zu lachen. – Wie jetzt wieder. Und nun fiel ihnen auch ein, was sie ihm schreiben könnten:

Dass sie oft an ihn denken und oft von ihm reden.

Dass er doch sicher oft sehr allein ist.

Dass sie sich gut vorstellen könnten, mit ihm zusammenzuwohnen.

Dass sie in dem Haus dringend seine Hilfe brauchen.

Dass er ein Zimmer zum Garten hat, sogar mit eigenem Klo und eigener Dusche.

Dass sich alle vier sehr auf ihn freuen.

»Schreib das alles, Thomas«, sagte Mutter, »und in der Reihenfolge, wie wir dir's gesagt haben.«

»Ich bin doch kein Schnellmerker«, seufzte Vater. Aber er begann sofort zu schreiben.

Die Antwort von Alter John ließ auf sich warten. Selbst Vater fragte jeden Abend, wenn er von der Arbeit kam, als Erstes nach einem Brief von Alter John.

»Wenn er nur ein Telefon hätte«, klagte Mutter.

Telefone konnte Alter John jedoch nicht leiden.

»Er wird schon schreiben.« Vater beruhigte mehr sich selber.

Nach einem Monat kam endlich der ersehnte Brief. Mutter las ihn vor. Es hörte sich so an, als spräche Alter John:

»Meine lieben Kinder und Enkel,
ergebensten Dank für eure Einladung, die ja viel mehr als nur eine Einladung ist. Darum habe ich euch auch nicht postwendend antworten können. Das ist ja eine Entscheidung fürs restliche Leben! Da war manches zu prüfen. Also habe ich gegrübelt und gegrübelt und gegrübelt …«

Laura unterbrach Mutter: »Du musst ›gegriebelt‹ sagen, so wie Alter John.«

Mutter fand das nicht gut: »Sei nicht albern, Laura.«

»Ich bin zu folgendem Entschluss gekommen. Ich werde euer liebenswürdiges Angebot annehmen. Natürlich erst einmal auf Probe. Sagen wir, die Probezeit beträgt ein halbes Jahr. Nach dieser Frist kann entweder ich ausziehen oder ihr könnt mich ausweisen oder ich bleibe. Gestern sprach ich bei der Spedition vor. Mein Umzug erfolgt in drei Wochen. Wie ihr verstehen könnt, möchte ich nämlich meine alten Möbel um mich haben. Auch die Bücher und so weiter. Ich bitte euch, nichts, aber auch gar nichts an dem Zimmer zu tun, welches ihr für mich bereithaltet. Überlasst alles Weitere mir. Regt euch nicht auf. Es genügt, dass ich aufgeregt bin.

In Liebe, euer Alter John.«

»Er fängt schon an mit seinen Spinnereien«, sagte Vater, nachdem Mutter den Brief vorgelesen hatte.

»Hoffentlich gefällt ihm die Tapete«, sagte Mutter.

»Reg mich bloß nicht auf«, knurrte Vater und war schon wieder auf neunzig.

»Ich freu mich aber auf Alter John«, sagte Laura.

»Ich auch«, schrie Jakob.

»Glaubst du, wir uns nicht?«, rief Vater, hielt die Pfeife wie ein Ausrufezeichen und ging das leere Zimmer besichtigen, in das Alter John bald einziehen würde.

Alter John kommt an

Erst hatte Alter John mit dem Zug reisen wollen. Dann telegrafierte er im letzten Augenblick:

»ankomme mit lastwagen von Spedition stop bin erster beipack stop alter john«.

»Was soll das wieder bedeuten?« Mutter schüttelte verzweifelt den Kopf. »Also ein bisschen verrückt ist Alter John wirklich.«

Vater bestritt das: »Nein! Das ist ganz richtig. Die wenigen Möbel von Alter John füllen ja nicht einen ganzen Wagen. Darum hat man sie einem größeren Umzug beigepackt, verstehst du, Irene! Sie werden anscheinend als Erste ausgeladen. Darum wird er wahrscheinlich ziemlich früh ankommen.«

Die Familie war aufgeregt. Es ging ja um mehr als nur einen Besuch. Es ging um jemanden, mit dem sie von nun an leben würden.

Vater hatte sich extra freigenommen.

Mutter putzte im Haus herum, guckte immer wieder in das leere Zimmer von Alter John hinein, als wolle sie prüfen, ob was fehle.

Es fehlte noch alles!

Laura und Jakob mussten in die Schule. Als der Schulbus sie mittags im Dorf absetzte und sie nach Hause rannten, stand noch kein Möbelwagen vorm Haus. Dafür tigerte Vater vor dem Zaun hin und her. Sie wagten es erst gar nicht, ihn anzusprechen. Vater sagte ungefragt: »Alter John ist noch nicht da. Er müsste längst hier sein, nach meinen Berechnungen.«

Als sie ins Haus hineingingen, fragte Jakob Laura leise: »Was sind das für Berechnungen von Papa?«

Laura tippte sich, anstatt zu antworten, mit dem Finger an die Stirn.

Jakob guckte sich prüfend nach Vater um. Der war wohl wieder in seine Berechnungen vertieft.

Mutter stand am Herd. »Der Braten zerfällt mir ganz«, jammerte sie. »Wer konnte schon wissen, dass es so spät wird!«

Laura und Jakob verzogen sich lieber in ihre Zimmer. Laura drehte sogar den Schlüssel um, so dass niemand unangemeldet zu ihr reinkonnte.

Jakob fand das blöd. Schön fand er es, dass er jetzt eine

Bude für sich hatte. In der Stadt wohnten und schliefen er und Laura in einem engen Zimmer und stritten dauernd. Es war überhaupt eine tolle Sache mit dem Haus. Vater hatte lange suchen müssen. Jetzt hatten sie's! Sogar mit einem großen Garten. In dem standen Apfel- und Birnbäume, nur ein Nussbaum noch nicht, den Vater sich wünschte. Er wollte ihn noch in diesem Jahr pflanzen.

Sie verließen ihre Zimmer nicht, bis Mutter zum Essen rief.

»Jetzt müssen wir ohne Alter John anfangen«, sagte sie. »Obwohl ich die Rinderlende ihm zu Ehren gebraten habe.«

Vater sagte kein Wort. Er schnitt mit einem großen Messer das Fleisch in Scheiben. Eben, nachdem er guten Appetit gewünscht hatte, hupte es mehrfach vor dem Haus.

»Ich kann's nicht fassen!« Vater zerknäulte die Serviette, warf sie auf den Tisch, sprang auf, schrie: »Mahlzeit!«, und rannte hinaus. Die andern ihm nach.

Vor dem Gartentor hielt ein knallgrün angestrichener Möbeltransporter mit Anhänger. Die Tür des Führerhauses öffnete sich, und sie schauten gebannt auf zwei Hosenbeine, die länger und länger wurden. Ihnen folgte der ebenso lange Rest von Alter John.

Alter John stellte sich stolz neben das Führerhaus, als hätte er den Laster gesteuert. Auf dem Kopf trug er eine karierte Schirmmütze. Schwungvoll schlug er die Tür hinter sich zu, ohne darauf zu achten, dass eben der Packer aussteigen wollte. Der saß nun wieder hinter der geschlossenen Tür und hob verzweifelt die Arme.

Alter John ging auf Mutter zu. Bei jedem Schritt knickte

er ein bisschen ein, als hätte er schlecht geölte Scharniere in den Knien. »No, da bin ich«, sagte er.

Mutter fiel ihm um den Hals. Damit sie das überhaupt konnte, musste sich Alter John tief zu ihr hinunterbeugen. Jakob dachte: Ich muss ihn gleich nachher fragen, wie groß er ist.

Plötzlich löste sich die Spannung, spürten sie eine große Fröhlichkeit. Nun umarmte auch Vater Alter John und sagte: »Du hast's ja ganz schön spannend gemacht, Alter John.«

»Was willst du«, sagte Alter John, »wir sind gefahren wie die Deibel.«

Laura und Jakob standen nebeneinander.

Alter John strahlte sie aus seiner Höhe an. »No, auf euch hab ich mich am meisten gefreut.« Er blinzelte sie an. »Wie alt bist du jetzt, Jakob?«

»Zehn.«

»Und du, Laura?«

»Zwölf.«

»No, was sag ich, gerade das richtige Alter für uns.«

Der Packer und der Fahrer unterbrachen sie in ihrer Unterhaltung, drückten sie zur Seite. Die beiden Männer schleppten ein überlanges Bettgestell.

»Halt!«, rief Alter John.

Sie setzten vor Schreck das Bett auf den Weg. »Was ist?«, fragte der Fahrer. »Stimmt was nicht? Das ist doch Ihr Bett!«

»No«, sagte Alter John, »mein Bett ist das schon. Doch erst möchte ich einmal sehen, wo es stehen soll, mein Bett.«

»Ach so.« Vater verstand. Er drehte sich zu den Kindern um. »Laura, Jakob, zeigt Alter John seine Behausung! Aber schnell! Damit keine Zeit vertrödelt wird.«

Sie rannten ins Haus, Alter John hinter ihnen her. Seine Knie knackten bloß so.

Laura riss die Tür auf. Es roch nach irgendwelchen Putzmitteln.

»Es stinkt ein bissel«, bemerkte Alter John, bevor er sich umsah.

Eine Weile stand er da, die Hände in den Taschen seiner gewaltigen Hose.

Laura dachte: Jetzt stellt er sich vor, wie er hier wohnen wird. Ob er sich freut?

Nach einer Weile sagte Alter John leise, und seine Stimme klang noch tiefer: »Schön ist das Zimmer, hell ist es. Aber die Tapete ist scheißlich, die muss runter.«

Jakob zog den Kopf ein und stieß Laura an. Wie es Mutter erwartet hatte.

»Was ist nun?«, hörten sie Vater rufen. »Können wir das Bett bringen?«

»Bringt nur mein Bett«, rief Alter John. Im Kopf hatte er das Zimmer wohl schon eingerichtet.

Nach zwei Stunden standen alle Möbel so, wie er es wollte. Das Bett an der Wand neben der Tür. Der Arbeitstisch unterm Fenster zum Garten. Der große Schrank mit einem kleinen Abstand daneben. An der einen fensterlosen Wand ein mit dunkelrotem Samt überzogenes, gemütlich geschnörkeltes Sofa.

»Für die Bücher hast du kein Regal?«, fragte Mutter.

»No, die stapele ich lieber so aufeinander.«

Alter John fing gleich damit an. Beim Bücken gab er glucksende Laute von sich.

»Lass mich das doch machen«, sagte Vater.

»Schänen Dank«, sagte Alter John und ließ sich nicht stören. »Das kannst du nicht, du weißt die Stapelordnung nicht.«

Um fünf kamen sie endlich zum Mittagessen.

Alter John fand für Mutter einen Trost: »Weißt du, wenn man falsche Zähne hat wie ich, kann das Fleisch nicht weich genug gekocht sein.«

Jakob und Laura kamen überhaupt nicht dazu, ihn auszufragen. Alter John plante wie toll. Er diktierte Vater, was der ihm morgen aus der Stadt mitbringen solle. Dazwischen rief er immer wieder: »Aber nix will ich von euch bezahlt haben! Nix, das sag ich euch.«

Er bestellte bei Vater: »Einen Kiebel« (womit er einen Kübel meinte) »weiße Farbe, damit ich die scheißliche Tapete unverzieglich iebertinchen kann.«

Vater wiederholte, während er schrieb: übertünchen.

Alter John ließ sich nicht verwirren. Er nickte zustimmend: »Ich weiß doch, iebertinchen.«

Es war Vater anzumerken, dass er mindestens auf neunzig war. Alter John fiel das offenbar nicht auf. Er diktierte weiter: »Zwei Gliehbirnen zu hundert Watt. Hast du's, Thomas?«

Vater brummte. Es hörte sich weniger wie eine Zustimmung, mehr wie eine Drohung an.

»Habt ihr auch Pinsel und Farbrolle?«, fragte Alter John.

Vater versuchte, den Bleistift in den Tisch zu bohren. Endlich brüllte er: »Ja! Was glaubst du eigentlich, wie das Haus aussah? Wir haben gestrichen, tapeziert, Leitungen gelegt, Lampen angebracht und gezimmert.«

Alter John blieb völlig gelassen. »No, das kann ich mir

denken. Aber die scheißliche Tapete hättets ihr euch sparen können.«

Das war zu viel! Vater sprang auf, warf dabei den Stuhl um und fegte aus der Küche.

Alter John sah ihm nach und sagte mit einem entschuldigenden Blick zu Mutter hin: »Ich hätte es wissen müssen. Er war schon immer so erregbar, der Thomas.«

»Du könntest doch ein bisschen behutsamer sein«, sagte Mutter. Sie legte ihre Hand auf die von Alter John.

»Bin ich dein Vater, sein Schwiegervater oder bin ich die Mutter der Porzellankiste? Was bin ich also?«, fragte er. Die Falten um seine Augen zogen sich lachend zusammen.

»Du bist auf jeden Fall unverbesserlich«, sagte Mutter lachend, schaute auf die Küchenuhr und sagte: »Es ist schon nach sechs. Ihr müsst noch eure Hausaufgaben machen. Los, schnell! Heute Abend feiern wir Alter Johns Ankunft mit einem Gläschen. Ihr dürft zur Feier des Tages ein bisschen länger aufbleiben.«

Sie sausten die Treppe hinauf in ihre Zimmer. Jakob wollte mit den schwierigen Matheaufgaben beginnen, da wurde er schon von Laura gestört. Aber sie wollte gar nicht stören, sondern ihm bei den Hausaufgaben helfen. Das war neu. Jakob freute sich. Vielleicht hatte das auch etwas mit Alter John zu tun.

Nach einiger Zeit hielt es Laura nicht mehr auf dem Stuhl. Sie trat ans Fenster, guckte hinunter in den Garten.

»Komm mal, Jakob!«

Er drückte sich neben sie.

Unter den Apfelbäumen spazierten Alter John und Vater. Alter John, fast um einen Kopf größer als Vater, hatte den Arm um dessen Schultern gelegt. Sie redeten eifrig. Manchmal zog Alter John Vater an sich. Vielleicht sagte er da etwas besonders Wichtiges.

»Alter John hat Vater gern«, sagte Jakob.

Die beiden setzten sich wieder nebeneinander und arbeiteten weiter.

Alter John erzählt

Zur richtigen Begrüßungsfeier trafen sie sich in der Lungerstube. Vater war dagegen, den gar nicht so großen, doch durch eine Fensterwand wunderbar hellen Raum Wohnzimmer zu nennen. Die meiste Zeit würden sie doch in der großen Küche verbringen – aber zum Lungern, Träumen, Grübeln, Malen, Singen, Nachdenken, Miteinander-Reden, Miteinander-Schweigen war dieses Zimmer grade richtig: die Lungerstube. Alle waren damit einverstanden. Es gab hier keinen großen Tisch und keine strengen Stühle, sondern ein zersessenes, fünf Popos breites Sofa, ein paar alte Sessel. Am Fenster stand eine Arbeitsplatte, an der Vater manchmal Plakate entwarf, an der aber auch alle andern schreiben oder zeichnen konnten. In einem Regal standen eine Menge Bücher: Comics, Krimis, Goethes, Bölls.

An einem hellen Sommernachmittag war es in der Lungerstube am schönsten. Dann strömte das Licht durch die Fenster. Die Tür zum Garten konnte offen stehen. Garten und Zimmer wurden zu einem Raum.

An diesem Abend war es so warm, dass die Tür noch offen bleiben konnte. Die Vögel redeten richtig mit.

Alter John thronte allein auf dem Sofa. Vater goss Wein ein.

Laura und Jakob bekamen ebenfalls einen »Bodensatz«.

»Prost, Alter John!« Vater hob sein Glas. »Auf dass wir gut miteinander leben.«

Alter John erwiderte: »No, das winsch ich mir auch!« Er trank einen langen Schluck und riss sich am Spitzbart.

Endlich hatten sie Gelegenheit, ihn auszufragen.

»Du, sag mal, wie groß bist du eigentlich?«, fragte Jakob.

»No«, sagte er, »das ist nicht einfach zu beantworten.«

»Warum?« Jakob staunte.

»Weil ich schrumpfe.«

»Das ist doch nicht wahr«, rief Laura.

Mutter sagte: »Lasst euch von Alter John bloß nicht auf den Arm nehmen. Das ist seine Lieblingsbeschäftigung.«

Alter John bestand darauf. »Passt auf, ich erzähl euch meine Schrumpfgeschichte. Sie ist kurz und ich werde darin immer kürzer. Mit sechzig bin ich einssiebenundneunzig lang gewesen. Mit fünfundsechzig einsfünfundneunzig. Mit siebzig einszweiundneunzig und jetzt bin ich einsneunundachtzig.«

»Mir kommst du genauso groß vor wie früher«, sagte Mutter.

»Groß womöglich, doch nicht lang.«

»Sag mal, Alter John«, fragte Laura, »warum heißt du eigentlich so? Sogar Mama sagt nicht ›Papa‹ zu dir.«

»No, da käm ich mir auch schän bläd vor.«

Mutter rieb sich verzweifelt die Hände. »Das hättest du ihn nicht fragen sollen. Es wird eine endlose Geschichte, Laura. Ich hab sie mindestens schon hundertmal gehört.«

»Aber wir nicht«, riefen die Kinder.

»Da hast du's«, sagte Alter John. »Ich werde die kürzeste Fassung wählen, damit ihr rasch ins Bett kommt. – Also: Wie ihr wisst, bin ich in Brinn geboren.«

»In Brünn«, verbesserte Mutter.

»In Brinn!« Alter John ließ nicht locker. Vater schenkte ihm nach. Alter John nickte nur und fuhr fort: »In Brinn also kam ich zur Welt. Ich wurde auf den Namen Johannes getauft. Ich hieß Johannes – was heißt, ich hieß, ich heiße Johannes Navratil.«

»Navratil!«, rief Jakob. »Wie die Mama!«

Alter John stand auf, ging die paar Schritte bis zu Jakob, tippte ihm mit seinem langen Zeigefinger auf die Brust und erklärte mit Grabesstimme: »Eine so depperte Anmerkung kann man sich nur einmal am Tag leisten. Hiermit bist du gewarnt, Enkel Jakob! Wie soll deine Mutter, deren Vater ich bin, ursprünglich anders heißen als ich?« Er kehrte zurück zum Sofa, ließ sich einfach fallen, so dass das alte Möbel bedenklich krachte.

»Ich muss noch einmal in Brünn beginnen. Wir waren Deutsche, auch wenn wir einen tschechischen Namen trugen. Johannes klang für die meisten zu ungewöhnlich. Die Deutschen riefen mich Hans, die Tschechen Jan. Jan gefiel mir besser, darum nannte ich mich selber so. Jan blieb ich viele Jahre. Jan blieb ich, als ich das Färben lernte, ein Färber wurde, ein Färbermeister sogar. Jan blieb ich, als der Hitler mit seinen Truppen Brünn besetzte und ich mich als Deutscher eigentlich hätte freuen müssen. Aber ich gehörte nicht zu den Muskelprotzen, den Heil-Hitler-Schreiern. Jan blieb ich auch als Flüchtling und Jan blieb ich als Vater. Eure Mutter, die Irene, hat mir ganz schön zu schaffen gemacht. Denn ihre Mutter starb sehr früh. Da war Irenchen gerade acht Jahre alt. Wir haben es miteinander ausgehalten. Ich hab eine Freundin gefunden, die zu uns zog, sich um Irene und mich ein bissel kümmerte. Als Irene flügge war, aus der Schule raus und zur Arbeit ging, verließen mich schließlich beide, meine Tochter und meine Freundin. Fragt mich bloß nicht, warum.«

Er fasste mit gespieltem Ernst Jakob ins Auge und warnte sehr betont: »Vor allem du nicht, Jakob, du großer Frager! – Ich blieb in dem Haus wohnen, wollte nicht umziehen, die Umgebung war mir lieb geworden. Anscheinend hatten sich auch die anderen an mich gewöhnt. Sogar die Kinder, mit denen ich manchmal spielte. Eines Tages, als ich aus dem Haus trat, rief ein Junge: ›Da kommt Alter John!‹

Er sprach Jan falsch aus. Es war ein Fehler. Aus dem Fehler wurde mein Name: Alter John. Bald nannten mich alle so, eure Mutter auch.«

Er machte eine Pause. Guckte in den Garten hinaus. Es begann zu dämmern, doch die Vögel sangen noch heftig. Mutter hatte sich inzwischen neben Alter John gesetzt.

Er sagte: »Das war die ganze Geschichte. Natürlich kriegt man nicht so mir nichts, dir nichts solch einen Namen. Man muss schon zu ihm passen.«

Vater nickte. »Du passt«, sagte er leise. Er hob erneut sein Glas: »Auf dein Wohl, Alter John.«

Kurz darauf wurden die Kinder von Mutter ins Bett geschickt. Laura und Jakob waren sich einig, dass Alter John schon richtig zu ihnen gehörte.

»Als wäre er schon immer bei uns«, fand Jakob.

In der Nacht wachte Laura auf. Unmittelbar unter ihr rauschte und sang es. Erst waren ihr die Geräusche unheimlich. Sie wollte schon zu den Eltern laufen. Dann fiel ihr ein, dass unter ihrem Zimmer ja die neue Dusche eingebaut worden war.

Alter John duschte und sang.

Sie legte sich wieder zurück, dachte an ihn und schlief darüber ein.

AMÉLIE NOTHOMB
Weiße Schokolade aus Belgien

Der Vater war so aufgeregt, als wäre ihm ein viertes Kind geboren worden. Er rief seine Mutter an, die in Brüssel wohnte.

– Die Pflanze ist erwacht. Steig ins Flugzeug und komm!

Die Großmutter sagte, bevor sie komme, müsse sie sich erst noch ein paar neue Kostüme machen lassen; sie war eine sehr modebewusste Dame. Dadurch verzögerte sich ihr Besuch um einige Monate.

Inzwischen begannen die Eltern der einstigen Gemüsepflanze nachzutrauern. Gottes Zorn wollte und wollte nicht verrauchen. Fast musste man ihm sein Fläschchen hinwerfen, wenn man keinen Hieb abbekommen wollte. Manchmal beruhigte er sich für ein paar Stunden, aber man konnte nie wissen, was er dann im Schilde führte.

Das neue Szenario sah so aus: Man machte sich einen Augenblick, wo das Baby ruhig war, zunutze, um es in sein Laufställchen zu bringen. Zunächst betrachtete es mit stumpfem Blick die Spielsachen, die es umgaben.

Nach und nach packte es ein heftiger Missmut. Es bemerkte, dass diese Gegenstände außerhalb von ihm existierten und keinen Bedarf nach seiner Herrschaft zeigten. Das störte es, und es fing an zu schreien.

Andererseits hatte es schon beobachtet, dass die Eltern

und ihre Satelliten mit dem Mund ziemlich genau artikulierte Laute hervorbrachten, ein Verfahren, das ihnen zu gestatten schien, die Dinge zu kontrollieren und sie sich zu eigen zu machen.

Das wollte es auch tun. Bestand nicht eines der wichtigsten göttlichen Vorrechte darin, allem in der Welt einen Namen zu geben? Es zeigte also mit dem Finger auf ein Spielzeug und öffnete den Mund, um es ins Dasein zu rufen; doch die Laute, die es hervorbrachte, bildeten keine zusammenhängenden Folgen. Darüber staunte es selbst am meisten, denn es hielt sich der Sprache für durchaus mächtig. Nachdem ihm das Staunen vergangen war, fand es diese Situation unerträglich demütigend. Der Zorn packte es, und schreiend machte es ihm Luft.

Seine Schreie hatten folgenden Sinn:

– Ihr bewegt die Lippen, und es kommt Sprache heraus. Ich bewege meine auch, und es kommt nur Lärm heraus. Unerträgliche Ungerechtigkeit! Ich werde so lange brüllen, bis aus dem Lärm Worte werden.

Und dies war die Deutung der Mutter:

– Mit zwei Jahren noch ein Baby zu sein, das ist nicht normal. Es ist sich über seinen Rückstand im Klaren und ärgert sich.

Falsch: Gott war keineswegs zurückgeblieben. Den Rückstand gibt es nur im Vergleich. Gott verglich sich nicht. Er spürte Riesenkräfte in sich, und was ihn aufbrachte, war seine Unfähigkeit, sie zu gebrauchen. Sein Mund ließ ihn im Stich. Er zweifelte keine Sekunde an der eigenen Göttlichkeit, und es empörte ihn, dass die Luft seinen Lippen nicht gehorchte.

Die Mutter trat nah heran und sprach ihm einfache Worte vor, die sie überdeutlich artikulierte:

– Pa-pa! Ma-ma!

Er wurde wütend, weil sie wollte, dass er solche Albernheiten nachsprach. Wusste sie denn nicht, mit wem sie es zu tun hatte? Der Herr der Worte war er! Niemals würde er sich dazu herablassen, »Mama« und »Papa« nachzustammeln. Um sie unter Druck zu setzen, brüllte er noch lauter und garstiger.

Mit der Zeit dachten die Eltern immer wehmütiger an das Kind, wie es früher gewesen war. Hatten sie bei dem Wechsel etwas gewonnen? Hatten sie vorher einen seltsam ruhigen Sprössling gehabt, so hatten sie nun einen Dobermann-Welpen.

– Weißt du noch, wie hübsch sie war, unsere Pflanze, mit ihren großen, ruhigen Augen?

– Und wie gut wir da schlafen konnten!

Mit der Nachtruhe war es für sie nun aus: Gott war die Schlaflosigkeit in Person. Kaum zwei Stunden pro Nacht gab er Ruhe. Und sobald er nicht schlief, bekundete er seinen Zorn durch Schreien.

– Ist ja gut! schimpfte der Vater. Wir wissen ja, dass du zwei Jahre lang gepennt hast. Ist doch kein Grund, niemand anders mehr schlafen zu lassen.

Gott hielt es wie Louis XIV: Er duldete nicht, dass andere schliefen, wenn er nicht schlief, dass andere aßen, wenn er nicht aß, dass andere gingen, wenn er nicht ging, dass andere sprachen, wenn er nicht sprach. Vor allem das Letztere trieb ihn zum Wahnsinn.

Die Ärzte verstanden den neuen Zustand so wenig wie

den früheren. Aus der »pathologischen Apathie« war nun eine »pathologische Reizbarkeit« geworden, ohne dass irgendeine Analyse die Diagnose erklärte. Lieber beriefen sie sich auf eine Art gesunden Menschenverstand:

– Das ist eine Kompensation für die zwei letzten Jahre. Ihr Kind wird schließlich irgendwann zur Ruhe kommen.

»Wenn ich es nicht vorher zum Fenster rauswerfe«, dachte die erbitterte Mutter.

Die Kleider der Großmutter wurden fertig. Sie steckte sie in einen Koffer, ging noch mal zum Friseur und stieg in die Maschine Brüssel – Osaka, die die Strecke 1970 in etwas über zwanzig Stunden zurücklegte.

Die Eltern holten sie vom Flughafen ab. Sie hatten sich seit 1967 nicht mehr gesehen; der Sohn wurde umarmt, die Schwiegertochter beglückwünscht, Japan bestaunt.

Während der Fahrt in die Berge sprachen sie über die Kinder: Die beiden älteren machten sich prächtig, das dritte sei ein Problem. »Wir können nicht mehr!« Die Großmutter versicherte, das werde sich auch noch einrenken.

Von dem schönen Haus war sie begeistert. »Wie japanisch!«, rief sie aus, als sie das Tatami-Zimmer und den Garten besichtigte, der sich zu dieser Zeit, im Februar, unter der Pflaumenblüte schon weiß färbte.

Den Bruder und die Schwester hatte sie seit drei Jahren nicht mehr gesehen. Sie bewunderte den Jungen mit seinen sieben und das Mädchen mit seinen fünf Jahren. Dann fragte sie nach dem dritten Kind, das sie noch nie gesehen hatte.

Niemand mochte sie in die Höhle des Ungeheuers begleiten. »Die erste Tür links, du kannst es nicht verfehlen.«

Schon von draußen hörte man raues Gebrüll. Die Groß-mutter nahm etwas aus ihrer Reisetasche und betrat festen Schritts die Arena.

Zweieinhalb Jahre. Geschrei, Wut, Hass. Die Welt ist für Gottes Hände und seine Stimme außer Reichweite. Um ihn sind die Stäbe des Gitterbetts; Gott ist eingesperrt. Er möchte Schaden anrichten und kann es nicht. Er rächt sich am Laken und der Decke, die er mit Fußtritten traktiert.

Über ihm ist die Zimmerdecke mit ihren Rissen, die er auswendig kennt. Sie sind seine einzigen Gesprächspartner; zu ihnen also schreit er seine Verachtung hinauf. Man sieht, die Decke macht sich nichts daraus. Gott ist irritiert.

Plötzlich füllt sich das Blickfeld mit einem unbekannten und unidentifizierbaren Gesicht. Was ist das denn? Ein ausgewachsener Mensch, anscheinend vom gleichen Ge-schlecht wie die Mutter. Als die erste Überraschung vor-über ist, bekundet Gott sein Missvergnügen durch ein lang-anhaltendes Knurren.

Das Gesicht lächelt. Das kennt Gott: Man will sich ein-schmeicheln. Das verfängt nicht. Er bleckt die Zähne. Das Gesicht lässt Worte aus seinem Mund fallen. Mit Boxhieben fängt Gott die Worte im Fluge auf. Seine geballten Fäuste hämmern auf die Laute ein und schlagen sie k. o.

Gott weiß, dass das Gesicht nachher versuchen wird, ihm die Hand entgegenzustrecken. Er kennt das, die Er-wachsenen wollen immer mit den Fingern an sein Gesicht. Er beschließt, die Unbekannte in den Zeigefinger zu bei-ßen. Darauf macht er sich gefasst.

Tatsächlich, eine Hand kommt in Sicht, aber – o Schreck! –

zwischen den Fingern ist ein weißliches Stäbchen. Gott hat so was noch nie gesehen und vergisst zu schreien.

– Das ist weiße Schokolade aus Belgien, sagt die Groß-mutter zu dem Kind, das sie zum ersten Mal sieht.

Von diesen Worten versteht Gott nur eines, »weiß«; das kennt er, von der Milch und den Wänden. Die anderen Vo-kabeln fehlen ihm, »Schokolade« und vor allem »Belgien«. Inzwischen ist das Stäbchen dicht vor seinen Lippen.

– Das kannst du essen, sagt die Stimme.

Essen – das kennt Gott. Essen ist etwas, das er oft macht. Essen, das ist das Fläschchen, der Brei mit Fleischstück-chen, zerdrückte Banane mit geriebenem Apfel und Oran-gensaft.

Essen, das riecht man. Dieses weißliche Stäbchen hat einen Gott unbekannten Duft. Es riecht besser als Seife oder Salbe. Gott hat Angst, aber zugleich lockt es ihn. Er verzieht angewidert das Gesicht, und vor Begierde läuft ihm das Wasser im Mund zusammen.

In einem Anfall von Mut schnappt er das neue Ding mit den Zähnen, kaut, aber das ist gar nicht nötig, denn es zer-geht auf der Zunge, bedeckt den Gaumen und breitet sich im Mund aus – und das Wunder geschieht.

Die Wonne steigt ihm zu Kopf, zerreißt ihm das Hirn und lässt eine noch nie gehörte Stimme darin laut werden:

– Hier bin ich! Ich bin es, ich lebe. Ich bin es, ich spre-che. Ich bin nicht »er« oder »es«, ich bin ich. Du darfst nicht mehr »er« sagen, wenn du von dir sprichst, du sollst »ich« sagen. Und ich bin dein bester Freund; wer dir Freude macht, bin ich.

So also wurde ich geboren, mit zweieinhalb Jahren, im

Februar 1970, in dem Dorf Shukugawa in den Bergen von Kansai, unter den Augen meiner Großmutter väterlicherseits und dank der weißen Schokolade.

Die Stimme, die seither nicht mehr verstummt ist, sprach in meinem Kopf weiter:

– Das ist gut, das ist süß, das ist lecker, ich will mehr davon!

Ich schrie auf und biss von neuem in das Stäbchen.

– Die Freude ist ein Wunder, aus dem ich lerne, dass ich ich bin. Ich – das ist der Sitz der Freude. Die Freude, das bin ich: Wo Freude ist, wird Ich sein. Keine Freude ohne Ich, kein Ich ohne Freude!

Das Stäbchen verschwand in mir, Bissen für Bissen. Die Stimme in meinem Kopf schrie immer lauter:

– Lebe mich! Ich bin enorm wie die Lust, die ich spüre und die ich erfunden habe. Ohne mich ist diese Schokolade gar nichts. Aber in meinen Mund gesteckt, wird sie Freude. Sie braucht mich.

Dieser Gedanke setzte sich in laute Rülpser um, die immer begeisterter klangen. Ich sperrte die Augen weit auf, ich strampelte vor Vergnügen mit den Beinen. Ich spürte, dass sich die Dinge einem weichen Teil meines Gehirns einprägten, das sie alle bewahren würde.

Stück für Stück war die Schokolade in mich eingegangen. Nun bemerkte ich, dass am Ende der verstorbenen Leckerei eine Hand war und dass am Ende der Hand ein von einem wohlwollenden Gesicht gekrönter Körper war. Die innere Stimme sagte:

– Ich weiß nicht, wer du bist, aber nach dem, was du mir zu essen gebracht hast, kannst du nicht übel sein.

Die zwei Hände hoben meinen Körper aus dem Gitterbett, und ich befand mich in zwei unbekannten Armen.

Verblüfft sahen meine Eltern der Großmutter entgegen, die lächelnd ein braves, zufriedenes Kind in den Armen trug.

– Da seht ihr meine beste Freundin, sagte sie triumphierend.

Ich ließ mich geduldig von Arm zu Arm herumreichen. Mein Vater und meine Mutter fanden des Staunens kein Ende. Meine Metamorphose beglückte und irritierte sie. Mit der Großmutter stellten sie ein kleines Verhör an.

Die alte Dame hütete sich, ihnen zu verraten, welcher Geheimwaffe sie sich bedient hatte; sie zog es vor, das Mysterium in der Schwebe zu lassen. Man schrieb ihr exorzistische Fähigkeiten zu. Niemand sah voraus, dass der Dämon sich an seine Austreibung erinnern könnte.

Die Bienen wissen, dass nur der Honig die Larven am Leben Geschmack finden lässt. Sie könnten keine so eifrigen Pollensammlerinnen in die Welt setzen, wenn sie ihnen als Nahrung Brei mit Fleischwürfeln vorsetzten. Meine Mutter hatte gewisse Theorien über den Zucker, den sie für alle Gebrechen der Menschheit verantwortlich machte. Dennoch verdankt sie es dem »weißen Gift« (so nannte sie ihn), dass nun auch ihr drittes Kind von verträglicher Gemütsart ist.

Ich weiß, was ich sage. Mit zwei Jahren war ich aus meiner Starrheit erwacht, nur um zu erfahren, dass das Leben ein Jammertal ist, wo man gekochte Möhren mit Schinken isst. Ich musste mir veralbert vorkommen. Wozu um jeden Preis geboren werden wollen, wenn nicht, um Freude zu haben? Die Erwachsenen haben Zugang zu tausend Schwelgereien; doch den kleinen Kindern kann nur das Naschen die Pforten des Genießens öffnen.

Die Großmutter hatte dem wilden Tier mit Zucker das Maul gestopft, und so hatte es auf einmal begriffen, dass es für all den Ärger doch eine Rechtfertigung gab, dass Leib und Seele auch jubeln können und dass man weder der ganzen Welt noch sich selber verübeln musste, dass man da war. Die Freude machte sich die Gelegenheit zunutze, ihrem Werkzeug einen Namen zu geben: »Ich« nannte sie es, und diesen Namen trage ich heute noch.

Seit sehr langer Zeit gibt es eine riesige Sekte von Schwachköpfen, die Sinnlichkeit für das Gegenteil von Intelligenz halten. Dies ist ein Teufelskreis: Sie enthalten sich des Genusses, um ihre intellektuellen Fähigkeiten zu steigern, mit der Folge innerer Verarmung. Sie werden immer dümmer – so dumm, dass sie sich in ihrer Überzeugung bestätigt finden, brillante Köpfe zu sein, denn nichts ist so hilfreich wie die Dummheit, wenn man sich für gescheit halten will.

Genuss macht bescheiden und lässt uns bewundern, was ihn ermöglicht hat; die Freude erweckt den Geist und treibt ihn, sei es zur Steigerung, in die Virtuosität, sei es zur Versenkung, ins Abgründige. Diese Magie ist so stark, dass in Ermangelung des Genusses schon die Vorstellung von ihm genügt. Aber die triumphierende Frigidität verdammt sich dazu, ihre eigene Nichtigkeit zu feiern.

Unter den Gebildeten trifft man Leute, die sich brüsten, sich seit fünfundzwanzig Jahren des einen oder anderen Vergnügens enthalten zu haben. Man trifft auch vollkommene Idioten, die stolz darauf sind, niemals Musik zu hören, niemals ein Buch aufzuschlagen oder niemals ins Kino zu gehen. Und es gibt auch solche, die hoffen, mit ihrer absoluten Keuschheit Bewunderung zu erregen. Offensichtlich befriedigen sie damit ihre Eitelkeit: Es ist die einzige Befriedigung, die ihnen das Leben gewähren wird.

Die Schokolade hatte mir mit der Identität auch ein Gedächtnis gegeben: Seit jenem Februar erinnere ich mich an alles. Wozu etwas behalten, woran man keine Freude gehabt hat? Die Erinnerung ist eine unentbehrliche Verbündete der Freude.

Eine so vollmundige Behauptung – »ich erinnere mich an alles« – wird bei niemandem Glauben finden. Egal. Bei einer solchen, ohnehin nicht nachprüfbaren Aussage scheint es mir weniger denn je auf die Glaubwürdigkeit anzukommen.

Gewiss, an die Sorgen meiner Eltern, ihre Gespräche mit Freunden usw. erinnere ich mich nicht. Aber von allem, was zählt, habe ich nichts vergessen: Das Grün des Sees, in dem ich schwimmen lernte, den Duft des Gartens, den Geschmack des heimlich gekosteten Pflaumenschnapses und andere intellektuelle Entdeckungen.

Aus der Zeit vor der weißen Schokolade erinnere ich mich an nichts; ich muss mich daher auf die Aussagen meiner Angehörigen verlassen, die ich nach meiner Art umdeute. Die Informationen für die Zeit danach sind aus erster Hand: Derselben Hand, die dies niederschreibt.

Ich wurde ein Kind, wie es sich Eltern erträumen: Artig und aufgeweckt zugleich, still und aufmerksam, spaßig und

nachdenklich, gehorsam und selbstständig, begeisterungs-
fähig und mit einem großen Interesse fürs Metaphysische.

Meine Großmutter und ihre Süßigkeiten blieben nur
einen Monat in Japan, doch das genügte. Die Vorstellung
von Freude hatte mich in Bewegung gebracht. Meine Eltern waren erleichtert: Nachdem sie zuerst zwei Jahre lang
eine Gemüsepflanze gehabt hatten und dann sechs Monate
lang ein wildes Tier, hatten sie nun etwas mehr oder weniger Normales. Allmählich wurde ich mit einem Vornamen
angeredet.

FRANCES HODGSON BURNETT

Die erste Unterhaltung mit dem kleinen Lord

Die Empfindungen Seiner Herrlichkeit des Grafen Dorincourt waren nicht leicht zu schildern. Ein gut Stück Welt und Menschen aller Art hatte er gesehen und war eben nicht leicht zu verblüffen; aber hier trat ihm etwas so Neues und Unerhörtes entgegen, dass es ihm fast den Atem benahm und die merkwürdigste Erregung in dem alten Edelmanne hervorrief. Er hatte sich nie mit Kindern beschäftigt; seine Passionen und Vergnügungen hatten ihm dazu nie Muße gelassen, und seine eignen Jungen waren ihm nie sehr interessant gewesen – höchstens erinnerte er sich dunkel, dass Cedrics Vater ein hübscher, kräftiger Knabe gewesen war. Im Allgemeinen war ihm ein Kind immer wie ein höchst lästiges kleines Tier vorgekommen, gefräßig, egoistisch und lärmend, wenn man es nicht in strenger Zucht hielt. Seine beiden Ältesten hatten ihren Erziehern und Lehrern stets Grund zu Klagen und Verdruss gegeben, und von dem Jüngsten glaubte er nur deswegen weniger Schlimmes gehört zu haben, weil derselbe als solcher für keinen Menschen von Bedeutung war. Dass er seinen Enkel liebgewinnen könnte, war ihm nie in den Sinn gekommen – er hatte ihn in sein Haus bringen lassen, weil er seinen Namen dereinst nicht durch einen unerzogenen Lümmel wollte lächerlich machen lassen und er überzeugt war, dass der Junge in Amerika nur ein Halbnarr oder ein clownartiges Geschöpf werden konnte. Er hatte an seinen Söhnen so viel Demütigungen erlebt und war über Kapitän Errols amerikanische Heirat so entrüstet, dass er etwas Erfreuliches bei seiner Nachkommenschaft nicht mehr vermutete, und als der Diener ihm Lord Fauntleroy gemeldet, hatte er sich fast gefürchtet, den Jungen anzusehen. Das war auch der Grund, weshalb er ihn hatte allein sehen wollen; seinem Stolz war der Gedanke eines Zeugen seiner Enttäuschung unerträglich. Aber selbst in den Stunden, wo er mit mehr Hoffnung in die Zukunft geblickt, hatte er sich nie träumen lassen, dass sein Enkel so aussehen könnte wie die entzückende Kindergestalt, die, das Händchen auf dem Kopfe seines etwas gefährlichen Lieblings, so zuversichtlich und vertrauensvoll vor ihn trat. Diese Überraschung brachte den harten alten Mann schier um seine Fassung.

Und dann begann ihre Unterhaltung, in deren Verlauf sein Erstaunen sich mehr und mehr steigerte. Erstens einmal war er seiner Lebtage gewöhnt, die Leute in seiner Gegenwart scheu und verlegen zu sehen, und hatte deshalb von seinem Enkel auch nichts andres erwartet; stattdessen sah der kleine Junge in ihm offenbar nichts als einen Freund, dessen Liebe ihm von Gott und Rechts wegen gehörte, und behandelte ihn als solchen. Wie der kleine Bursche so dasaß in dem großen Stuhle und mit seiner weichen Stimme herzlich und fröhlich plauderte, ward es ihm ganz klar, dass der Gedanke, der große, grimmig dreinschauende alte Mann könnte ihn nicht liebhaben oder sich nicht freuen, ihn bei sich zu sehen, nie in des Kindes Sinn gekommen war, und dass Cedric seinerseits ebenso kindlich und zuversichtlich bestrebt war, dem Großvater zu gefallen. Hart, grausam und hochfahrend, wie der alte Graf war, konnte er sich doch einer heimlichen Freude bei dieser neuen Empfindung nicht entschlagen und fand es, bei Lichte besehen, recht angenehm, einmal jemand zu begegnen, der ihm nicht misstraute, nicht vor ihm zurückschreckte und die schlimmen Seiten seiner Natur nicht ahnte, jemand, der ihn mit hellen Augen vertrauensvoll ansah – und wär's auch nur ein kleiner Junge in einem schwarzen Samtanzuge!

So lehnte sich der alte Mann behaglich in seinen Stuhl zurück und ermunterte seinen jungen Gefährten zum Plaudern, wobei es immer seltsam um seine Mundwinkel zuckte. Lord Fauntleroy entfaltete sein ganzes Konversationstalent und schwatzte unbefangen und vertraulich; die ganze Geschichte von Dick und Jack, die Verhältnisse der Apfelfrau aus altem Geschlecht und seine Freundschaft mit Mr Hobbs wurden dem Großvater anvertraut, woran sich dann eine begeisterte Schilderung des republikanischen Wahltriumphes in all seiner Pracht und Herrlichkeit samt Bannern, Transparenten, Fackeln und Raketen anschloss. [...]

Weitere Vertiefung in die Politik ward durch die Meldung, dass aufgetragen sei, abgeschnitten. Cedric erhob sich sofort und ging zum Großvater hin, mit einem bedenklichen Blick auf dessen gichtisches Bein.

»Soll ich dir helfen?«, fragte er freundlich. »Du kannst dich auf mich stützen, weißt du. Einmal hat Mr Hobbs einen schlimmen Fuß gehabt, weil ihm ein Kartoffelsack daraufgefallen war, da hab ich ihn immer geführt.«

Der feierliche Diener hätte fast seine Stellung und seinen Ruf durch ein unziemliches Lächeln aufs Spiel gesetzt. Es war ein sehr vornehmer Diener, der immer nur in aristokratischen Diensten gestanden hatte und sich vollständig entwürdigt und entehrt gefühlt haben würde, wenn er sich etwas so Unverzeihliches gestattet hätte, wie ein Lächeln in Gegenwart der Herrschaft. Diesmal aber war die Gefahr groß gewesen, und er konnte sich nur dadurch retten, dass er über seines Herrn Schulter hinweg unverwandt auf ein besonders hässliches Bild hinstarrte.

Der Graf maß den ritterlichen kleinen Knirps von Enkel vom Kopf bis zu den Füßen.

»Meinst du, dass du das könntest?«, fragte er rau.

»Ich glaube ja«, erwiderte Cedric. »Ich bin sehr stark, weißt du, bin auch schon sieben. Du kannst dich auf einer Seite auf deinen Stock stützen und auf der andern auf mich. Dick sagt, dass ich gute Muskeln habe für einen Jungen von sieben.«

Er streckte den Arm stramm aus, damit der Graf die Kraft seiner von Dick belobten Muskeln sehe, und sah dabei so ernsthaft und wichtig drein, dass der Bediente wieder genötigt war, seine volle Aufmerksamkeit dem hässlichen Bilde zuzuwenden.

»Wohl und gut«, entschied der Graf, »du sollst's versuchen.«

Cedric reichte ihm seinen Stock und half ihm beim Aufstehen. Dies war in der Regel des Bedienten Amt, der dabei manch derben Fluch zu hören kriegte und oft und viel innerlich vor Empörung knirschte. Heute ging die Sache ohne Fluchen ab, obwohl die Gicht manch bösen Reißer tat, allein der Graf wollte nun einmal den Versuch machen. Langsam erhob er sich und legte die Hand auf die schmale

Schulter, die ihm so mutig als Stütze geboten wurde. Vorsichtig tat Lord Fauntleroy einen Schritt vorwärts und sah dabei sorgfältig auf das kranke Bein.

»Stütze dich nur recht fest auf mich«, sagte er ermutigend. »Ich will ganz langsam gehen.«

Wenn der Graf seinen Diener zum Führer gehabt hätte, würde er sich allerdings weniger auf seinen Stock und mehr auf jenen gestützt haben, und doch hielt er es bei seinem Experiment auch für nötig, den Enkel sein Gewicht fühlen zu lassen, das in der Tat nicht leicht war. Nach wenig Schritten war denn auch das kleine Gesicht dunkelrot, und sein Herz fing an, heftig zu klopfen, allein er stemmte sich mächtig gegen des Großvaters Hand und erinnerte sich Dicks Ausspruch über seine Muskeln.

»Hab nur keine Angst und stütze dich fest auf«, keuchte er, »ich kann es ganz gut, wenn – wenn es nicht zu weit ist.«

Es war eigentlich kein langer Weg zum Speisezimmer, und doch kam es Cedric wie eine Ewigkeit vor, bis sie den Stuhl am oberen Ende der Tafel erreicht hatten. Die Hand auf seiner Schulter schien mit jedem Schritte wuchtiger zu lasten, sein Köpfchen ward immer heißer und sein Atem kürzer, allein er dachte nicht daran, seinen Dienst aufzugeben; er machte seine Muskeln ganz steif, hielt sich kerzengerade und sprach dem bedenklich hinkenden alten Herrn Trost zu.

»Tut dir der Fuß so sehr weh, wenn du darauf stehst?«, fragte er. »Hast du ihn nie in heißes Wasser mit Senfmehl gesteckt? Das hat Mr Hobbs gutgetan.«

Der große Hund schritt gravitätisch nebenher, und der Diener folgte. Mehr als einmal flog ein eigentümliches

Lächeln über sein Gesicht, wenn er beobachtete, wie die kleine Gestalt all ihre Kraft zusammennahm und ihre Last so gutwillig trug, und auch des Grafen Blick streifte ein paarmal mit seltsamem Ausdrucke das erhitzte Kindergesicht.

Als sie das Speisezimmer betraten, bemerkte Cedric, dass auch dies ein sehr großer, imposanter Raum war und dass der Diener, welcher hinter des Grafen Stuhl stand, die Eintretenden höchst erstaunt anstarrte. Endlich war der Stuhl erreicht; die Hand löste sich von seiner Schulter, und der Graf ward bequem installiert.

Cedric zog Dicks Taschentuch hervor und trocknete sich die Stirn.

»Es ist heiß heute Abend, nicht?«, fragte er. »Wahrscheinlich musst du ein Feuer haben wegen – wegen deinem Fuß, nur mir kommt's ein wenig heiß vor.«

Sein angeborener Takt bewahrte ihn davor, irgendetwas auch nur scheinbar zu tadeln.

»Du hast soeben ein hartes Stück Arbeit gehabt«, bemerkte der Graf.

»Oh nein! Das war gar nicht hart, nur heiß ist mir's geworden«, und damit behandelte er seine feuchten Locken energisch mit dem Taschentuche.

Lord Fauntleroys Platz am Tische war seinem Großvater gegenüber, ein breiter Armstuhl nahm auch hier die schmale Gestalt auf. Alles, was er bis jetzt gesehen hatte, die hohen weiten Räume, die kolossalen Möbel, die stattlichen hochgewachsenen Diener, der ungeheure Hund und der Großvater selbst, alles war dazu angetan, ihm die eigne Kleinheit vor Augen zu bringen. Dies beunruhigte Cedric jedoch keineswegs; für sehr groß oder sehr wichtig hatte er sich nie gehalten, und er war mit Freuden bereit, sich auch Verhältnissen anzupassen, die etwas Überwältigendes für ihn zu haben schienen. Freilich hatte er kaum je so winzig ausgesehen, als in dem weiten Lehnstuhle an der feierlichen Tafel.

Trotzdem er so einsam lebte, hielt der Graf seinen Haushalt auf großem Fuße, und das Diner war ein wichtiges Moment in seinem Leben und natürlich auch in dem des Koches, für den die Tage, an welchen Seine Herrlichkeit keinen Appetit hatte, schwere Prüfungen brachten. Heute jedoch schien der Appetit besser als sonst, und die Kritik über die »Entrees« und die Bereitung der Saucen war nicht so gründlich, weil er häufig über den Tisch hinüber nach seinem Enkel blicken musste. Er selbst sprach wenig, erhielt aber sein kleines Gegenüber gut im Zuge und fand es zu seinem eignen Erstaunen ganz unterhaltend, ihm zuzuhören. Dabei freute er sich im Stillen darüber, wie fest er sich auf den kleinen Kerl gestützt hatte, um dessen Mut und Ausdauer zu prüfen, und wie vortrefflich dieser die Probe bestanden.

»Du hast deine Grafenkrone nicht immer auf?«, fragte Lord Fauntleroy bescheiden.

»Nein«, erwiderte der Graf mit seinem merkwürdig grimmigen Lächeln, »sie steht mir nicht besonders.«

»Mr Hobbs hat zuerst gemeint, du werdest sie immer tragen, dann sagte er aber auch, du werdest sie hier und da ablegen, wenn du den Hut aufsetzest zum Beispiel.«

»Ja, ja«, sagte der Graf, »gelegentlich lege ich sie ab.«

Einer der Diener musste sich plötzlich abwenden, um

hinter der vorgehaltenen Hand ein eigentümliches Husten hervorzustoßen.

Cedric hatte seine Mahlzeit zuerst beendet, lehnte sich in seinem Stuhle zurück und sah sich im Zimmer um.

»Du musst sehr stolz sein auf dein Haus«, bemerkte er, »es ist so schön, und der Park, der ist so herrlich.« Dann hielt er einen Augenblick inne und sah merkwürdig bedeutungsvoll zum Grafen hinüber. »Ist das Haus nicht sehr groß für nur zwei Menschen, die drin leben?«

»Groß genug jedenfalls«, versetzte der Graf. »Ist dir's zu groß?«

Seine kleine Herrlichkeit zögerte einen Augenblick.

»Ich dachte nur so, dass, wenn zwei Leute drin wohnten, die nicht gut zusammenpassen, dann könnte man sich recht einsam vorkommen.«

»Glaubst du, dass wir gut zusammenpassen werden?«

»Oh ja, gewiss. Mr Hobbs und ich, wir sind sehr gute Freunde gewesen. Er war der beste Freund, den ich hatte, außer Herzlieb.«

Der Graf zog die buschigen Augenbrauen ein wenig in die Höhe.

»Wer ist das, Herzlieb?«

»Meine Mama«, sagte Lord Fauntleroy mit seltsam leisem, ruhigem Tone.

Die Tafel war aufgehoben, und man begab sich wieder in die Bibliothek. Diesmal führte der Diener den Grafen auf der einen Seite, die andre Hand aber stützte derselbe wieder auf des Enkels Schulter, nur nicht so wuchtig wie zuvor. Nachdem der Diener sich zurückgezogen hatte, lagerte sich Cedric auf dem Teppiche vor dem Kamine neben

Dougal, streichelte den Hund und blickte schweigend auf das Feuer.

Der Graf beobachtete ihn scharf. Es war ein Ausdruck von Sehnsucht und tiefem Nachsinnen in des Kindes Augen, und ein paarmal seufzte er leise.

»Fauntleroy«, begann der alte Herr schließlich, »woran denkst du?«

»An Herzlieb«, erwiderte er, »und – und es wird besser sein, wenn ich ein wenig aufstehe und im Zimmer herumgehe.«

Er erhob sich, steckte die Hände in die Taschen und fing an, auf und ab zu gehen. Seine Augen leuchteten verdächtig, und er hatte die Lippen aufeinandergepresst. Aber er hielt den Kopf hoch und trat sicher und fest auf. Langsam stand Dougal auch auf, sah eine Weile zu ihm hinüber, dann schritt er auf das Kind zu und folgte ihm. Cedric zog eine Hand aus der Tasche und legte sie dem Hunde auf den Kopf.

»Ein guter Hund, der«, sagte er. »Er ist schon ganz mein Freund und weiß, wie mir's zumute ist.«

»Wie ist dir's denn zumute?«, fragte der Graf.

Es war ihm unbehaglich, mit anzusehen, wie der kleine Mensch da zum ersten Mal mit seinem Heimweh kämpfte, und doch freute er sich, dass Cedric sich so tapfer hielt; der kindliche Mut gefiel ihm.

»Komm her«, sagte er.

Fauntleroy kam sofort.

»Ich bin noch nie von Hause weg gewesen«, sagte das Kind, die großen braunen Augen etwas mühsam aufreißend. »'s ist eine sonderbare Sache, wenn man auf einmal die ganze Nacht in jemandes Schloss bleiben soll, statt nach Hause zu gehen. Aber Herzlieb ist ja nicht so sehr weit weg, daran soll ich denken, hat sie gesagt, und – und ich bin ja schon sieben – und ich kann auch ihr Bild ansehen, sie hat mir's gegeben.«

Er fuhr mit der Hand in die Tasche und zog ein kleines Etui von dunkelblauem Samt hervor.

»Hier ist es. Sieh, wenn man daran drückt, so springt es auf, und drin ist sie!«

Er lehnte sich dabei so vertrauensvoll an des Grafen Arm, als ob dies von jeher sein Platz gewesen wäre.

»Das ist sie«, sagte er und sah lächelnd zu ihm auf.

Der Graf zog finster die Augenbrauen zusammen. Er wollte das Bild nicht sehen und warf trotzdem einen Blick darauf. Es erschreckte ihn förmlich, ein so junges, hübsches Gesicht vor sich zu haben, mit den nämlichen braunen Augen wie das Kind an seiner Seite.

»Vermutlich glaubst du, sie sehr lieb zu haben?«

»Ja«, erwiderte Cedric sanft und einfach, »das glaube ich, und das ist auch so. Weißt du, Mr Hobbs war mein Freund, und Dick auch und Mary, aber Herzlieb und ich, wir sind doch die allerallerbesten Freunde und sagen einander alles. Und ich muss auch für sie sorgen, weil mein Papa das nicht mehr tun kann – wenn ich groß bin, werd ich arbeiten und Geld verdienen.«

»Wie gedenkst du denn das anzufangen?«, erkundigte sich der Großvater.

Seine kleine Herrlichkeit setzte sich wieder auf den Kaminvorsetzer, hielt das Bild in der Hand und schien sich seine Antwort reiflich zu überlegen.

»Ich habe schon gedacht, ich könnte in Mr Hobbs'
Geschäft eintreten«, sagte er, »aber lieber würde ich Präsident.«

»Da schicken wir dich besser ins Oberhaus«, sagte der
Graf.

»Ja nun, falls ich nicht Präsident werden kann und das
auch ein gutes Geschäft ist, will ich's wohl tun. Spezerei-
geschäfte sind nicht immer unterhaltend.«

Vielleicht dachte er noch weiter über den Gegenstand
nach, denn er blieb ganz ruhig sitzen und sah ins Feuer.
Der Graf sprach nichts mehr, lehnte sich in seinen Fauteuil
zurück und beobachtete das Kind. Manch neuer, ihm frem-
der Gedanke mochte den alten Edelmann beschäftigen.
Dougal hatte sich lang ausgestreckt, den mächtigen Kopf
auf die breiten Tatzen gelegt und schlief – tiefes Schweigen
herrschte.

Als eine halbe Stunde später Mr Havisham in das Zimmer geführt wurde, machte ihm der Graf halb unwillkür-
lich ein hastiges Zeichen, leise aufzutreten. Dougal schlief
noch immer, und neben ihm, das lockige Köpfchen auf den
kleinen Arm gelegt, schlummerte Lord Fauntleroy.

»Machen wir einen Ausflug?«

Es war kein leichtes Jahr gewesen. Nicht nur, weil es keine leichten Jahre gibt. Meine Familie konnte nicht verstehen, wieso diese Geschichte mit dem Studium gar nicht mehr aufhörte und einfach zu nichts führte. Es belastete meine Eltern, dass ihr Sohn immer weiter studierte, »ohne je ein Mann zu werden«. Logisch, denn »ein Mann zu werden« bedeutete ihrer Meinung nach, eine Arbeit zu haben. Und da Studieren keine Arbeit ist, stand fest, dass ich noch ein mehr oder weniger unbeschwerter Junge war. Kein Mann.

Davon waren meine Mutter und mein Vater felsenfest überzeugt. Viele Leute ihres Alters dachten so, und es gab nicht die geringste Chance, zu Hause Anteilnahme für meine Müdigkeit zu finden, die durchaus die eines Mannes war.

Auch dass ich gern studierte, half nichts. Die mit Lesen oder sogar Schreiben zu Hause verbrachte Zeit war der Beweis, dass ich mich in meinem Dasein als ewiger Student suhlte wie eine Ente im Teich, ohne das Bedürfnis nach Unabhängigkeit zu verspüren, das sie dagegen von frühester Jugend auf empfunden hatte.

»Ich habe mit vierzehn angefangen und dein Vater mit fünfzehn! Und wir sind alle beide ohne unsere Eltern nach Mailand gekommen!«, jammerte meine Mutter, so als wäre ich nicht nur für meine Verspätung verantwortlich, sondern auch für ihre Frühreife. Ich war sechsundzwanzig Jahre alt.

Großvater dagegen schien mich besser zu verstehen. »Als Dieb hättest du es schneller geschafft ...«, spottete er, wenn ich ihm sagte, dass ich nun, da ich auch das Aufbaustudium abgeschlossen hatte, noch wer weiß wie lange brauchen würde, bis ich eine ordentliche Lehrerstelle bekam. »Einen festen Arbeitsplatz«, wie er sich ausdrückte. Während er diese Worte murmelte, war mir nämlich, als beschimpfte er nicht mich als Taugenichts, sondern ärgerte sich vielmehr über all die »Halunken, die dieses Teufelszeug von Diplom, Spezialisierung und Master erfunden haben, das bloß dazu gut ist, Familien zu ruinieren und dir die Lust am Arbeiten zu nehmen, bevor du überhaupt angefangen hast«.

In der Tat, die Angst, alles getan zu haben und dann zu entdecken, dass der Beruf gar nichts für mich war, wuchs ständig. Auch im Schlaf zeigte sie sich. Übrigens war sie berechtigt, ich hatte ja noch nie unterrichtet! Sich heute für diese Arbeit zu entscheiden bedeutet, sich allein auf eine jugendliche Intuition zu verlassen.

Wenn ich Großvater diese Dinge auseinandersetzte, lächelte er, wie gewöhnlich ohne seinen großen Körper eines Kriegers zu rühren, indem er nur leicht die Lippen öffnete und seine aquamarinblauen Augen zu Schlitzen verengte. Zu der Zeit verbrachte ich ganze Nachmittage mit ihm, fast wie damals in der Kindheit, als jeden Tag, bis meine Mutter von der Arbeit kam, Großvater und Großmutter meine wahren Eltern waren. Großmutter Anna, stets bereit, mir die Nase zu putzen und mir mit der Hand durch die Locken zu fahren; und Großvater Leonardo, der mir noch immer, mit über achtzig, wie ein kraftvoller Riese vorkam, trotz seines vom Asthmahusten ermatteten Gesichts, der Falten, die wie geometrische Linien seine Stirn zerschnitten, der schmalen Lippen, die keine Worte verschwendeten. Sie zogen mir ein frisches Hemdchen an, wenn ich verschwitzt war, sie wachten darüber, dass ich meine Hausaufgaben machte und um vier Uhr eine Pause einlegte, um eine Kleinigkeit zu essen. Sie ließen mich den Schulranzen packen und aufräumen, zehn Minuten bevor meine Mutter kam.

In jenem heißen, windstillen Juni hatte ich wieder begonnen, bei Großvater vorbeizugehen, ehrlich gesagt, weil ich mich einsam fühlte. Nicht, dass es mir an Freunden mangelte, Freunde hatte ich von jeher, und es gab auch die zwei, drei, auf die ich ernsthaft zählen konnte, die von meinen Ängsten und Schwächen wussten, ohne sich darüber lustig zu machen.

Aber die Verwirrung jenes Sommers war neu. Diejenigen, die nicht studiert hatten, arbeiteten schon seit Jahren, waren verlobt und dachten an Schritte, die ich mir nicht einmal vorstellen konnte. Von meinen Studienkollegen war ich der Schnellste gewesen, hatte sie in den Innenhöfen und Bibliotheken zurückgelassen, wo sie die Nachmittage weiter mit Reden, Rauchen und Lesen verbrachten. Mir dagegen war die Welt der Universität schlagartig fremd geworden, vielleicht, weil diese Müdigkeit eines Mannes herausgekommen war, die meine Eltern nicht anerkennen wollten, oder einfach, weil es normal war, dass man diese Orte mit ihrer abgestandenen Luft schließlich satthat.

Dann kamen die ersten Vertretungen. Das verlegene Betreten der Klasse in Hemd und Jackett, um, wie ich hoffte, dadurch mehr Autorität auszustrahlen, das Konfrontiertsein mit Schülern, die häufig größer und stärker waren als ich, das Licht, das durch die Vorhänge auf ihren Gesichtern zerfranste, die schon so anders waren als meines. Doch über das alles konnte ich nicht reden. Also schwieg ich, überzeugt, dass die anderen mich nicht verstehen würden. Ich war auf niemanden böse, wollte aber lieber allein sein, nur abends den einen oder anderen treffen, um ein Bier zu trinken und bis spät zu quatschen und über Politik zu diskutieren.

Am Nachmittag stand Großvater am Fenster und sah mich kommen. Ich ließ den Fahrradlenker los, um ihm mit beiden Armen zu winken, und sah, wie er zur Antwort den Kopf hob und ein Lächeln andeutete. Zur Tür brauchte er genauso lange wie ich zum Fahrradabschließen, daher war Klingeln unten nicht nötig.

»Hast du dein Nickerchen gemacht, Opa?«

»Nur kurz, weil es zu heiß war.«

»Machen wir einen Ausflug?«

»Weit oder nah?«

»Heute weit, wenn du magst.«

Nah bedeutet einen kleinen Ausflug bis zu dem Maisfeld, das immer noch hinter dem Haus der Großeltern liegt. Es bedeutet, eine gerade, wenig befahrene Straße entlangzuradeln, dann die ganze Via Andrea Costa, und nach der Esso-Tankstelle abzubiegen in eine Reihe gewundener Sträßchen, die nach Musikern benannt waren. Am Feld ließen wir, ich und der Rattenschwanz von Cousins, mit denen ich aufgewachsen bin, vor zwanzig Jahren die Räder fallen und warteten, bis Großvater mit dem Eis kam. Wir vesperten alle gemeinsam, vor der ersten Reihe Maishalme sitzend, die einen großen, fächerförmigen Schatten warf. Nachdem er seine Drillichhose hochgezogen hatte, setzte sich der Großvater zu uns auf die Erde ins Kühle. Während wir aßen, erzählte er uns eine Geschichte oder fragte uns der Reihe nach, wie es in der Schule gelaufen war, und manchmal wollte er auch, dass wir ihm ein Gedicht aufsagten, denn Gedichte liebte er, besonders gereimte.

Um den Großvater zu unterhalten, lernte ich von der Grundschule an Unmengen davon. Mir war, als würde ich sein Komplizentum und seinen Schutz als Krieger noch mehr verdienen, wenn ich ihm diese Verse rezitierte, deren Sinn er vielleicht gar nicht verstand, hingerissen, wie er war, von den Wörtern, die zu Musik wurden.

Für uns war es allerdings spannender, wenn er erzählte. Wenn er mit leiser Stimme davon sprach, wie er im Krieg war, wo man sich mit dreckigem Wasser wusch und die faulen Zähne mit dem Messer herausgerissen wurden; wo es manchmal zwei Tage lang nichts zu essen gab und man kilometerweit durch den Wald lief, den verletzten Gefährten auf der Schulter wie einen Kartoffelsack.

Damals kamen mir diese Geschichten vor wie die Taten eines Champions. Jede trug zur Mythisierung meines Helden bei. Später interessierten sie mich dann aus ganz anderen Gründen, aber der Genuss, Großvater in dieser Mischung aus apulischem, wortwörtlich ins Hochitalienische

180

übersetzten Dialekt reden zu hören, blieb derselbe. Italienisch war für ihn eine Sprache, die morgens zusammen mit den Enkeln ins Haus kam und es abends mit ihnen verließ.

Zum Maisfeld strampelt man hin und zurück drei Kilometer. Das ist ein naher Ausflug.

Ein weiter Ausflug dagegen ist etwas ganz anderes, für uns Kleine war es ein echtes Ereignis. Vor allem unternahm der Großvater den weiten Ausflug immer nur mit einem Enkel und auf einem Fahrrad, seinem, das ihm die Arbeitskollegen aus der Montecatini-Fabrik geschenkt hatten, als er in Rente gegangen war, schon mit dem Kindersitz hinten drauf, da sie wussten, dass er sich ganz dem Nachwuchs widmen würde.

Fünf oder sechs Mal durfte ich den weiten Ausflug mit ihm machen, und immer kamen wir an Orte, die mich außerordentlich beeindruckten und an denen ich Jahre später zerstreut vorbeilief, fast ohne mich zu erinnern. Die Brera-Akademie, das Stadion von San Siro und die Pferderennbahn, das Castello Sforzesco, der Friedensbogen …

Ich saß auf dem Kindersitz und umklammerte den Großvater, der ab und zu die Hand nach hinten streckte und mir zweimal auf den Schenkel klopfte: »Geht's gut?«, fragte er dann, was heißen sollte: »Sitzt du bequem?« Wir radelten schweigend, lauschten auf den Wind und betrachteten die Autos, die uns überholten. Achten musste man nur auf die Kommandos des Fahrers: »Halt den Winker raus«, oder »Lehn dich ein bisschen rüber«, damit ich ihn mit dem Körper unterstützte, wenn er in die Kurve ging.

Sobald wir irgendwo angekommen waren, erfasste mich ein Gefühl, weit weg zu sein von zu Hause, das ich beim

Fahren nicht spürte, beschützt, wie ich war, vom Rücken des Großvaters, der die Welt verdeckte. Die Idee, wir würden es nicht schaffen, rechtzeitig zurück zu sein, bevor Mama kam, gefiel mir irrsinnig gut – bestimmt würde sie sich um mich sorgen bei der Vorstellung, dass ich weit weg war an einem Ort, den sie nicht kannte. Dann würde mein Vater mich um die Abendessenszeit mit dem Auto abholen, und niemand würde mich ausschimpfen, da ich mit dem Großvater unterwegs gewesen war.

An einem weit entfernten Ziel angekommen, gewann ich eine Bedeutung, die ich unterwegs nicht hatte. Ich wurde für Großvater zum Führer, denn beim Spazierengehen las ich ihm jedes Ladenschild, jedes Werbeplakat vor.

Großvater Leonardo war nämlich Analphabet. Doch auch dies schien mir in der Kindheit nur ein Grund zum Scherzen zu sein, und jeder Gedanke an sein Leben und den Unterschied zwischen seiner und meiner Geschichte lag mir fern, obwohl es von Entbehrungen und Opfern gekennzeichnet war, die schon meinem Vater fremd waren.

Erst später begriff ich, welchen Schmerz er empfinden musste, weil er die Zeichen nicht deuten konnte, von denen es in der Stadt wimmelte. Jetzt schäme ich mich bei der Erinnerung, dass wir ihm unsere Schulhefte unter die Nase hielten und er so tat, als würde er sie kontrollieren; doch wenn ein Kind den Blick eines alten Mannes durchdringen könnte, hätte es die Verwirrung auf seinem Gesicht bemerkt, rund um die aquamarinblauen Augen, die sich zusammenzogen vor Anstrengung, etwas zu entziffern.

Dieser Schmerz – der einzige, der Verlegenheit und Scham bei ihm weckte – blieb mir verborgen, bis Großmutter Anna eines Tages, als Großvater sein Nickerchen hielt (so nannten die beiden die Siesta nach dem Mittagessen, und wir Enkel lernten, uns auch so auszudrücken), erzählte, dass auch sie erst spät entdeckt hatte, dass ihr Mann Analphabet war. Die ganze Verlobungszeit hindurch gelang es dem Großvater, sie zu täuschen, indem er in überlegenem Ton sagte, er sei bis zur dritten Klasse zur Schule gegangen, was hieß, dass er nicht nur lesen und schreiben, sondern auch gut rechnen konnte. Nicht übel für einen Bauernjungen, der in frühen Jahren den Vater verloren hatte. Sechster von acht Kindern.

Sehr geschickt gelang es Großvater Leonardo ein Jahr lang, alle – im Grunde ohnehin seltenen – Gelegenheiten zum Lesen zu vermeiden, die sich ergaben, wenn er nach der Arbeit kurz bei seiner Verlobten vorbeischaute. Bei Großmutter zu Hause gab es ab und zu eine Zeitung, ein Blättchen, das aus irgendeinem Laden stammte und die wesentlichen Tagesereignisse zusammenfasste. Eine Nachbarin legte es ihr am frühen Nachmittag aufs Fensterbrett zwischen die Basilikumtöpfe, und Großmutter Anna brachte es gegen Abend einer anderen Nachbarin, einer Bäuerin, die das Papier eher brauchte, um das Obst einzuwickeln, das sie verkaufte, als um sich zu informieren. Wenn Großmutter darin blätterte, weil sie etwas kommentieren wollte, nickte Großvater wie ein Alleswisser und erwiderte, er habe schon Zeitung gelesen, und zwar genau dieses Blättchen, das ein Arbeitskollege von ihm jeden Morgen bei seinem Bruder, dem Zeitungshändler, abholte. So gelangte Großmutter Anna zu der Auffassung, dass ihr zukünftiger Mann auch ein aufmerksamer, gewissenhafter Leser sei.

An diesem Punkt blieb nur ein Zweifel. Aber aus Angst, ihn zu beleidigen, fand sie nie den Mut, ihm den Federhalter in die Hand zu drücken. Sie wartete bis zum Hochzeitstag. Doch hier zog sich der Großvater, wenn überhaupt möglich, noch glänzender aus der Affäre.

Als der Pfarrer ihn aufforderte, im Register zu unterschreiben, verzierte er seinen Namen sogar noch mit schwungvollen Schnörkeln.

Mit dem Geständnis wartete er bis zur Hochzeitsreise, die damals, wenn man nicht reich war, darin bestand, ein paar Tage auf Besuch zu Verwandten zu fahren. In dem leeren Zugwaggon, der sie nach Neapel brachte, erklärte er ihr, auf Hochitalienisch, einer seiner Finger sei immer noch leicht taub, weil er die letzten Abende mit einem gewissen Saverio – dem Sohn eines Bauern, der mit ihm arbeitete – verbracht habe, um diese verdammte Unterschrift zu lernen, die ihn außer einer beginnenden Arthritis viel Übungszeit und nicht wenige, aber in der Beichte vor der Trauung sogleich gesühnte Flüche gekostet habe.

»Was soll das heißen?«, fragte Großmutter, die immer noch nicht verstand.

»Dass du einen verlogenen Analphabeten genommen hast«, antwortete Großvater, indem er ihre Hand ergriff.

Zuerst verschlug es ihr die Sprache. Dann: »Aber wieso hast du das getan, Leó?«

»Aus Liebe, aber noch mehr aus Angst«, erwiderte Großvater schüchtern. »Du hast sogar die fünfte Klasse Volksschule, womöglich hättest du einen Gebildeteren gewollt …« Noch immer hielt er ihre Hand.

Er war ein hartnäckiger Mann, auch wenn es darum ging,

seine schäbigsten Fehler zu verstecken. Im Grunde schämte er sich für bestimmte Momente seiner Geschichte, sie roch nach Armut wie alle Geschichten der Bauernburschen, die manchmal sogar gezwungen sind, in die Städte abzuwandern. Die Einzigen, die ihn seiner Meinung nach wirklich verstehen konnten, waren seine Freunde. Sie hatten das gleiche Elend kennengelernt wie er und besaßen die außergewöhnliche Gabe, die manchmal unwissenden Menschen eignet, nicht gereizt zu reagieren auf solche, die unter ihnen stehen. Großvater Leonardos Sinn für Freundschaft war sehr ausgeprägt. Er dachte, dass nur Männer, die auf dem Feld gearbeitet oder sich auf See ihren Lebensunterhalt verdient hatten, ihn ganz verstünden. Die, mit denen man sich in Worten und mit Fäusten messen konnte, ohne sich je zu verstellen. Einige waren so wichtig gewesen, dass er sie in Barletta, der Stadt am Meer, wo er geboren war und vierzig Jahre gelebt hatte, zusammen mit jenem Teil von sich zurückließ, der sich bei vielen Männern nur mit den Arbeitskollegen und den Jugendfreunden zeigt. Keiner, der ihm hier begegnet ist, konnte wohl je wieder das humorvolle Vertrauen in ihm wecken, das wahre Freundschaft kennzeichnet und das dann auf die ganze übrige Zeit des Lebens ausstrahlt. Hier in Mailand hat er keine Freunde mehr gehabt, jedenfalls nicht solche, wie er sie verstand, mit denen man sich im Alter jeden Abend zum Kartenspielen auf der Piazza oder in der Parteisektion trifft. Mit den Kollegen von der Fabrik war es anders gewesen. Und mit der Rente hatte sich dann jeder in seine eigene Altersträgheit zurückgezogen.

So beschlossen wir, einen weiten Ausflug zu machen. Und da ich nun nicht mehr der kleine Nicolino, sondern der Lehrer Nicola Russo war, durfte jeder mit seinem eigenen Rad fahren.

An jenem Tag radelten wir länger als gewöhnlich, still und langsam, auf lauter Wegen, die nur ein paar Dorfsträßchen zu verbinden schienen. Ab und zu forderte Großvater Leonardo mich auf, dahin zu schauen, wohin er mit dem Finger deutete. Er zeigte auf die Gemüsegärten am Straßenrand und erzählte, dass dieser oder jener Herr ihm seit Jahren große Salatköpfe schenkte.

Seit seiner Ankunft in Mailand, wo er vom Bauern zum Facharbeiter hatte umsatteln müssen, hatte er sich trotzdem immer Bekanntschaften gesucht, die ihm das Land in Erinnerung riefen.

»Wie machst du es, dass du die alle kennst?«, fragte ich.

»Ich helfe ihnen.«

»Wie denn?«

»Während sie in ihrem Garten arbeiten, stelle ich mich mit dem Rad an den Zaun, mache ein paar Komplimente, gebe gute Ratschläge … und sie bitten mich rein. Wenige sind in der Lage, die Pflanzen so zu ziehen, wie es sich gehört. Siehst du den da? Dem hab ich alle Zucchini neu gepflanzt. Manche wissen nicht mal, wie man die Hacke hält, diese Esel«, sagte er zufrieden, indem er auf irgendeinen Punkt deutete.

»Du schleimst dich also ein.«

»Was soll das heißen?«

»Dass du einen genauen Plan hast, um da hinzukommen, wo du willst.«

»O ja!«, rief er lachend. »Es ist schön, ein Grundstück zu haben, das vertreibt dir die Zeit. Außerdem ist es hier nicht wie bei uns im Süden, hier hat man kein Problem mit dem Wasser.«

Wieder traten wir schweigend in die Pedale, was den Atem des radelnden Großvaters allmählich schwächte, und näherten uns den Navigli, den Kanälen von Mailand, die in der Nachmittagssonne vor uns aufgetaucht waren.

Der Naviglio Grande lag rechts von uns. Läden mit Secondhand-Kleidern, mit Gitarren, Stände mit Ethnokram und modische Lokale zogen an uns vorbei. Wer weiß, welchen Eindruck sie auf den Großvater machten, der keine Miene verzog, ganz darauf konzentriert, die Atemnot nicht überhandnehmen zu lassen.

»Schließen wir die Fahrräder hier an?«, fragte er, am Kanal anhaltend.

Er lehnte meines an seines und kettete die beiden Räder an dem rostigen Geländer an. Wir gingen am Wasser entlang. Mit gerunzelter Stirn sah der Großvater sich um, ein Zeichen, dass etwas unklar war.

»Warum sind wir ausgerechnet hierher gekommen?«, fragte ich ihn. »Gefallen dir die Navigli?«

»Eigentlich, weil ich weiß, dass sie dir gefallen.«

»Mir? Und woher weißt du das?«

»Du erzählst immer, dass ihr abends hierher kommt und erst um vier oder um fünf Uhr früh heimgeht. Da habe ich mir gesagt, muss doch wunderschön sein, dieser Kanal!«

»Ja und, gefällt's dir?«

»Ich hatte die Navigli schon vor Jahren mit Onkel Mauro gesehen.«

Wir wanderten weiter bis zum Treppchen der kleinen Brücke, die den Kanal überquert. Oben blieben wir stehen, an das gelbe Geländer gelehnt.

»Wie dreckig es ist«, sagte Großvater immer wieder, während er aufs Wasser blickte.

»Demnächst muss ich mit deinem Vater nach Barletta fahren«, sagte er leise.

»Mit Papa? Nach Barletta?!«, fragte ich verblüfft. »Und was macht ihr da?«

»Die Wohnung am Meer muss verkauft werden. Kein Schwein interessiert sich mehr dafür. Weder die Kinder noch die Enkel.«

Das Problem unserer Wohnung in Barletta, wo die Familie meines Vaters gelebt hatte, bevor sie nach Mailand auswanderte, hatte sich durch die ganze Geschichte der Russos hingezogen und war bis zu mir und den jüngsten Cousins durchgedrungen. Es verging kein Weihnachten, kein Ostern, an dem nicht schließlich am »Erwachsenentisch« darüber diskutiert wurde, zuerst ganz gesittet, dann mit Geschrei und Tränen. Nur Großvater und mein Vater hatten resigniert und wollten sie verkaufen, weil ja doch niemand mehr hinfuhr. Weil sie weit weg und unbequem war. Die anderen Kinder und Großmutter dagegen wollten sie unbedingt behalten, wie die alten Puppen und den abgelegten Schmuck, die in Taschen zuunterst im Schrank herumliegen.

Als ich klein war, erinnere ich mich, fuhr ich mit meiner Mutter und meinem Vater hin und traf noch Großvater und Großmutter an, die im Juni mit einem Teil der Enkelschar ans Meer zogen. Zur Zeit der Mittelschule verbrachte ich mit meinem Cousin Giovanni drei Sommer hintereinander dort.

Im Lauf der Jahre wurde dann die lange Reise beschwerlich, die hohe Steintreppe, die selbst einen Jungen außer Atem brachte, man konnte sich vorstellen, wie es den beiden Alten damit ging, er Asthmatiker und sie über zwei Zentner schwer.

Ohne die Großeltern begannen alle, ihren Urlaub anderswo zu planen, und in der Wohnung blieben jahrelang die Fensterläden geschlossen. Wer doch einmal hinfuhr, berichtete von Wespennestern an den Gesimsen der Balkone, Leitungen, aus denen einfach kein Wasser fließen wollte, und Dutzenden von Tauben, die auf der Terrasse hockten. Alle wussten wir, dass in der verlassenen Wohnung jedes Jahr mehr Putz von der Decke fiel und sich immer breitere Risse auftaten.

Als das Problem sich verschärfte, zögerten alle vier Geschwister die Sache übel hinaus, jeder behauptete, im nächsten Sommer werde er persönlich hinfahren und alles regeln. »Kein Grund zur Sorge«, »die Wohnung hält das aus«, »sie hat schon ganz anderes überstanden …«, sagten sie. Tatsächlich machte sich niemand mehr die Mühe, die Zimmer zu lüften oder, noch schlimmer, den Sommer mit Putzen zu verbringen und Geld für Maurer und Klempner auszugeben, ohne überhaupt zu wissen, ob die anderen ihm hinterher ihren Anteil erstatten würden.

Wenn einer der vier nach Barletta kam, ging er zu anderen Verwandten und betrat sie gar nicht mehr. Onkel Mimmo und mein Vater warfen beim letzten Mal von der Straße aus einen Blick darauf; an die bröckelnde Mauer gegenüber gelehnt, von wo aus man die Balkone gut sieht, rauchten sie eine Zigarette und gingen dann weiter. Großmutter erzählten sie, der Wohnung gehe es gut, ja doch, irgendwie.

Großvater sagte im Dialekt, er habe jetzt die Schnauze voll. Für ihn war diese Verwahrlosung ein Spiegel des Verfalls der Familie. Und er hatte recht.

Der Letzte, der dort war, war ich. Nur so einer mit dem Kopf in den Wolken konnte noch beschließen, seine Ferien dort zu verbringen. Meine Eltern waren dagegen. Großvater ebenso, aber weniger strikt, weil seiner Meinung nach jeder über zwanzig für sich selbst entscheidet. Großmutter hingegen stimmte begeistert zu; mehr aufgrund ihrer eigenen Illusion als wegen der Berichte ihrer Söhne glaubte sie wirklich, die Wohnung sei wie eine dieser Blumen am Bahndamm, die weiter duften, auch wenn sich niemand um sie kümmert.

Es war ein grober Fehler. Vor allem, weil ich mit einer Freundin von der Uni hinfuhr, mit der ich damals angebändelt hatte. Sie hatte mir ihr Haus auf den Hügeln bei Modena gezeigt, ein wunderbar gepflegter Bauernhof, wo einzig die Ställe verwahrlost waren, die die Familie gerade umbaute, um sie in Gästezimmer zu verwandeln. Zum Dank nötigte ich sie zu einer infernalischen Reise im Nachtexpress, der selbst in Rogoredo und Cerignola Campagna anhielt, außerdem an sämtlichen auf der Strecke liegenden Ampeln. Und im Morgengrauen öffnete ich ihr die Tür zu einer Wohnung, in der Putz auf dem Boden lag, kein Tropfen Wasser aus den Hähnen kam und von den blinden

Spiegeln der Staub aufwirbelte … An den Kacheln in der Küche fand ich die Aufkleber mit Mickymaus und Tom und Jerry, die wir als Kinder dort hingepappt hatten. Halb abgelöst, brachten sie nicht die Kraft auf herunterzufallen.

Ich schaffte es nicht, ihr zu sagen, dass meine Kindheit ganz anders war, dass sie nicht nach Muff und schimmligem Holz roch. Dass hinter diesen Fensterläden, wenn man Geduld hatte, Wind vom Meer heraufkommen würde, ganz unvorstellbar frisch. Doch von ihr zu verlangen, die jahrelange Vernachlässigung abzukratzen, war zu viel. Auch für mich.

So begannen und endeten unsere Tage in einem kleinen Strandhotel, wie es viele gibt, und die Wohnung meiner Kindheit konnte sie nicht kennenlernen. Und ich würde sie nicht wiedersehen.

Meine einzige Rache bestand darin, daheim alles haarklein zu erzählen, ohne jede Rücksicht auf die Herzkrankheit der Großmutter. »Wir müssen sie verkaufen«, brüllte ich, »oder Zigtausende hineinstecken! Wir können nicht unseren Namen an dieser Bruchbude stehen lassen und zum Gespött des Viertels werden!« Doch auch dieser Wutausbruch verrauchte wie alle anderen, ohne dass etwas geschah.

Dagegen erfuhr ich jetzt, dass Großvater, da er nicht auf den gesunden Menschenverstand seiner Kinder zählen konnte, alles allein entschieden hatte: Er hatte mit der Faust auf den Tisch gehauen, um sich gegen das Geschrei und das hemmungslose Weinen seiner Frau durchzusetzen, die sich ohne den Gedanken an diese Wohnung wie ein Flüchtling vorkam. »Wenn es hier bergab geht, wenn sie uns unserem

Schicksal überlassen, dann wissen wir wenigstens, wo wir hin sollen. Die Wohnung ist da, sie gehört uns!«, kreischte sie tränenüberströmt im Dialekt.

Für sie war das die erholsamste Vorstellung der Welt. An den Tagen, an denen sie müde war, bedrückt vom Lärmen der Enkel und den Beschwerden, an denen sie litt, leuchteten ihre Augen wieder, wenn sie davon sprach. Ihr Gesicht entspannte sich, die tiefen Falten wurden glatter: schön, sauber, die Balkone voller Wind vom Meer, der Tisch gedeckt mit dem Geschirr aus der Vitrine des Küchenbuffets! Natürlich konnte man ihr nicht erklären, dass diese Vorstellung, wenn die Wohnung verkauft wurde, für ihre Fantasiereisen unversehrt blieb. Sie wollte alles so belassen. Unbedingt.

Nie hat man erfahren, welche Worte Großvater gefunden hat, um sie schlagartig zum Schweigen zu bringen und jede Widerrede seiner Söhne im Keim zu ersticken.

Der Weg

Es passte nicht, was die alte Dame an den Mülltonnen vorhatte. Aber musste immer alles passend sein? Passte das, was Ben tat und noch tun würde, zu ihm? Hatten sein Kunst- und Germanistikstudium in Deutschland oder das in England zu ihm gepasst? Oder die Arbeit mit Brüsseler Straßenkindern? Würde das, was er jetzt vorhatte, besser zu ihm passen?

Ganz sicher war sich seine Großmutter bei dem, was sie gleich tun würde, nicht. Immer wieder suchten die Blicke der alten Dame mit dem sorgfältig frisierten grauen Haar die Fenster der Häuserfront ab, die den Innenhof von drei Seiten umgaben. Es gab sehr viele Fenster. Mindestens acht auf jeder Etage. Vier Etagen waren es, dazu die beiden Seitenflügel. Kein Zille-Milljöh, sondern von Reichtum und Wohlstand ehemaliger Besitzer zeugende Häuser der Gründerzeit. Sie gehörten zu den wenigen, die in diesem Viertel Berlins gut über Bombenangriffe und Zerstörung im Zweiten Weltkrieg gekommen waren.

Nein, es schien niemand hinter einer Gardine zu stehen und sie zu beobachten. Das heißt, Gardinen, richtige Gardinen, gab es schon lange nicht mehr. Nicht erst seit der Wende. Alle hatten schlichte Vorhänge zum Zuziehen an den Fenstern oder nutzten die uralten, etwas klapprigen

Jalousien, die aus unerfindlichen Gründen die Zeiten überdauert hatten. Einige Familien hatten die Jalousien-Kästen seit Langem den Spatzen überlassen und rührten nicht an ihnen. Heute schien es ruhig in den Spatzendomizilen zu sein, obwohl Mitte Mai und damit Nistzeit war.

Die alte Dame verbot sich, nochmals hochzuschauen, und ging rasch auf die Mülltonnen zu. Die erste Tonne war leer. In der zweiten wurde sie fündig, stellte sich auf die Zehenspitzen – sie war nicht sehr groß – und fischte drei mäßig verschmutzte Schreibbücher heraus, ging zur nächsten Tonne, sah dort etliche Schreibbücher unterschiedlicher Größe, Form und Farbe liegen, nahm so viele heraus, wie sie tragen konnte und verschwand in ihrer Wohnung. Sie säuberte ihren Fund oberflächlich und verstaute ihn in einer Truhe ihres Arbeitszimmers. Ihr Mann schlief und bekam nichts mit.

So leise und so rasch sie konnte, lief sie wieder zu den Mülltonnen. Sie schaffte es nicht, alle Schreibbücher herauszuholen, würde noch einmal gehen müssen.

Als sie gerade mit ihrem letzten Fund wieder aus der Tonne auftauchte, rief die Nachbarin aus dem ersten Stock: »Ja, was machen Sie denn da?« Die Großmutter erklärte kurz und betont beiläufig, ihr Enkel habe endlich den Keller geräumt, den er jahrelang okkupiert hatte und leider einige Bücher zu viel in den Müll befördert. Die Nachbarin schüttelte nur den Kopf – worüber blieb unklar – und schloss das Fenster.

Aber Ben hatte kein einziges Buch zu viel weggeworfen. Er hatte sich von den verschriftlichten Teilen seines bisherigen Lebens getrennt. Dabei war er noch gar nicht so alt. Mitte zwanzig etwa. Was er getan hatte, hatte er bewusst getan. Für das Leben, das er bald zu führen gedachte, brauchte er den Mülltonnenschatz nicht mehr. Bisheriges sollte zurückbleiben, Neues ohne Ballast begonnen werden.

Die Großmutter konnte seine Absichten nur erahnen, sicher wissen konnte sie es nicht.

In ihrem Arbeitszimmer legte sie die Schreibbücher nebeneinander. Eine Ordnung fiel leicht. Ben hatte groß und deutlich jedes Schreibbuch mit einer Jahreszahl versehen. 1983 war auf dem ersten Buchdeckel zu lesen. »Ich in der ersten Klasse« stand darunter. Unbeholfene und von großer Anstrengung zeugende Druckschrift. Im Buchinneren fast nur Bilder. Sorgfältig aus Zeitschriften ausgeschnitten und ebenso sorgfältig Seite um Seite damit beklebt. Die Bücher wurden zunehmend umfangreicher und verschwenderischer in ihrer Gestaltung. Vor allem nahm das Geschriebene zu. Zu Beginn der Jahrtausendwende war Schluss.

Die Großmutter schaute vor allem auf die Buchdeckel. Sie versagte es sich, in den handgeschriebenen Büchern zu blättern und die eine oder andere Seite zu lesen. Sie band fünf oder sechs Schreibbücher zusammen und verstaute alle in der Truhe. Nun lag da ein ganzes Kinderleben, dazu ein Stück Jugendleben und ein winziger Teil jüngeren Erwachsendaseins. Das ist doch nichts für die Mülltonne, versicherte sich die Großmutter noch einmal und beschloss, über ihren Fund und seine Rettung zunächst zu schweigen.

*

Ben, der Wendeenkel. So nannten ihn die Großeltern, bei denen er eine lange Zeit seines Kinderlebens verbracht hatte, da seine Eltern als Journalisten viel unterwegs waren. In dem Land, in dem sie zusammen mit Ben lebten, hatte sich an seinem Kinderbett niemand Gedanken etwa über den späteren Besuch einer Waldorfschule des Kindes gemacht. Die gab es hier gar nicht. Über den selbstverständlichen Besuch einer höheren Schule wurde auch nicht reflektiert. Höhere Schulen gab es zwar, doch war ihr Besuch relativ klar reguliert, und es wäre am Beginn eines Kinderlebens vergeudete Zeit gewesen, sich darüber Gedanken zu machen.

Ben wurde in eine gleichsam zweigeteilte Familie hineingeboren. Der Großvater – Arbeitermilieu, Arbeitersportverein, überzeugter Atheist. Die Großmutter – Haus- und Landbesitzerfamilie, von Krieg und Nachkrieg schwer gebeutelt, in der großen Stadt gelandet. Sehr gläubige Familie. Irgendwann wechselte die Großmutter – kurz nachdem sie den Großvater kennengelernt hatte – die Seiten. Aber tief in ihrem Inneren hatte sie sich ihren Glauben bewahrt.

Großvater und Großmutter kamen trotz unterschiedlicher Lebensauffassungen gut miteinander zurecht. Sie liebten sich wirklich.

Von den Büchern ihrer Kinderzeit trennte sich die Großmutter nie. So kam es, dass Ben oft stundenlang in den sorgfältig aufbewahrten biblischen Geschichten blätterte. Als er lesen konnte, las er sie. Erst holpernd und stockend, vor allem wegen der ungewöhnlichen Namen, die ihm weder in der Schule noch zu Hause begegneten, dann immer flüssiger. Und er hatte Fragen, die er vor allem dem Großvater stellte – seinem besonderen Ansprechpartner in Lebensfragen. Dieser war ein ernsthafter Vertreter der Auffassungen seiner Familie, ebenso war er ein lustvoller Verletzer von Normen, die ihm im Wege waren. Er telefonierte mit dem Pfarrer und meldete Ben zur Christenlehre an. Nicht ganz alltäglich für das Land, in dem Ben geboren worden war. Völlig normal dagegen für dessen östliches Nachbarland, das sogar einen Papst hervorgebracht hatte.

Als Ben begann, der englischen Königin Briefe zu schreiben, tolerierte der Großvater auch das und trug die Briefe eigenhändig zur Post. Ob sie ihr Ziel je erreichten, wusste keiner der Beteiligten. Zurück kamen sie jedenfalls nicht. Über den Inhalt seiner Briefe schwieg Ben. Dem Großvater teilte er lediglich mit, dass er die Queen gebeten hätte, sich um die hungernden Kinder in der Welt zu kümmern. Er war sehr sozial eingestellt. Und intelligent war er auch.

Ein kleiner knallroter englischer Doppelstockbus hatte sein Interesse an England geweckt. Ein handtellergroßes Spielzeugauto, Geburtstagsgeschenk eines Freundes. Er liebte den kleinen Bus über alles und trug ihn täglich in seiner Hosentasche mit sich herum.

Ben war vom ersten Schultag an ein begeistertes Schulkind.

Als die Wende kam, war er acht und noch immer begeistertes Schulkind. Doch vieles in seinem Kinderleben veränderte sich. Dabei war er nie unglücklich gewesen. Woher sollte er wissen, was jetzt nicht mehr galt und warum? Wer erklärte es ihm, sodass er es verstand? Die Erwachsenen wirkten unsicher. Viele seiner kindlichen Fragen blieben unbeantwortet.

Ben zog sich zurück, baute ein Gedankengebäude für sich auf, dachte viel nach. Die Erwachsenen um ihn herum fanden allmählich ins Leben zurück. Es war ein anderes Leben, in das sie hineinfinden und das sie bewältigen mussten, als zuvor. Viele schafften es nicht.

Der Großvater gab auf oder besser, er wurde aufgegeben – er verlor seine Arbeit. Sich selbst gab er jedoch nie auf. Er blieb offen und aufgeschlossen gegenüber allem, was um ihn herum geschah; nur zuweilen zeigte er sich von sanfter Renitenz. Wie erklärte sich so etwas? Die einen sprachen von Altersweisheit, andere von Ermüdung und Erschöpfung, wiederum andere konnten ihn nicht verstehen. Es gab durchaus gewisse Parallelen zu Bens Verhalten. Beide trafen sich regelmäßig. Sie tranken Tee, spielten Schach, lasen sich Gedichte vor, schienen ziemlich glücklich zu sein in ihrer gemeinsam verbrachten Zeit.

Die Großmutter war besser dran als der Großvater und fand nach der Wende den besten Job ihres Lebens, an einer Universität.

Bens Fragen an die Welt, die alte wie die neue, wurden immer drängender, ganz fokussiert auf Armut und Reichtum. Er las, lernte, dachte nach und ordnete die Welt um sich herum auf seine Weise. Den jeweiligen aktuellen Stand offenbarte sein Zimmer, in dem man sich zuweilen nur mit einer Taschenlampe sicher bewegen konnte. Auf seine Ordnung angesprochen, sagte er nur: »Meine Ordnung ist nicht so rechtwinklig wie eure, aber ich finde mich zurecht.« Was stimmte und für alles galt, was er tat: für die Vorbereitung des Abiturs, seine Tätigkeit als Schülersprecher oder im Gemeinderat seiner Kirchengemeinde. Sein Germanistikstudium brach er ab, weil es nach seiner Auffassung auf Fragen der Zeit keine Antwort gab. Kunst behielt er bei. Er studierte stets mit glänzenden Ergebnissen, in Deutschland und in England – seinem kindlichen Lieblingsland. Einmal sah er sogar die Queen, als sie sich in ihrer Luxuslimousine anlässlich ihrer Geburtstagsfeier dem Volk zeigte.

Zur Bundeswehr ging er nicht, zog die Arbeit mit Brüsseler Straßenkindern vor. Und er begann, die Schriften des Dalai Lama zu lesen. Könnte der Buddhismus etwas sein, was seinem Leben neuen Halt geben würde? Jedenfalls zog es ihn hinaus zum Potala-Palast des Dalai Lama – auch wenn der dort schon lange nicht mehr residierte und das Land andere Entwicklungen genommen hatte.

Die Großmutter bestätigte ihn in seiner Sehnsucht, der Großvater war eher zurückhaltend, löste dann aber doch seine kleine Lebensversicherung auf und gab das Geld für die große Reise zum Dach der Welt. Die Großmutter begleitete Ben, obwohl er kein Kind mehr war, aber man könne ja nie wissen, meinte sie. Den Großvater bezog man nicht mit ein, er war schon ziemlich krank.

Ben war so höflich, nicht zu sagen, was er von der Aktion seiner Großmutter hielt. Außerdem liebte er sie sehr.

*

5000 Meter über dem Meeresspiegel und noch etwas höher. Vor zwei Tagen hatten sie Lhasa, 3650 Meter hoch, hinter sich gelassen und waren noch weiter nach oben gefahren worden.

Die bisherige Fahrt war aufregend und abenteuerlich

gewesen. Keine Luxusbusse westlicher Prägung, sondern robuste, Steine und Matsch souverän bewältigende Fahrzeuge mit ebenso robusten und souveränen Fahrern. Fünf Tage hatten sie bis Lhasa gebraucht, es sollte langsam aufwärts gehen, damit sich Körper und Geist an die Höhenbedingungen gewöhnen konnten.

Ben entfernte sich gern von der Reisegruppe. Die weite Ebene bestand aus Steinen und Geröll, Wege waren nicht auszumachen. In nicht allzu weiter Entfernung bahnte sich der Mekong seinen Weg durch die Landschaft. Ab und zu stapfte man durch Schnee, grau und dreckig, jedenfalls nicht weiß. Weiß wurde er erst, wenn man in die Ferne schaute, wo die schneebedeckten Achttausender emporragten, unberührt von den winzigen Touristentrupps, die da und dort an ihrem Fuße herumwuselten. Und wo immer es möglich war, flatterten zerzauste Gebetsfahnen im allgegenwärtigen Wind – das war Tibet.

Eigentlich »Land ohne Blumen«. Was aber nicht stimmte, wie Ben herausfand. Er hatte weiter unten enzianähnliche Blüten zwischen dem Felsgestein gefunden. Oder war es sogar Enzian? Und später hatte er im ehemaligen Sommergarten des Dalai Lama Ringelblumensamen entdeckt. Die Blumen blühten dort in gelb strahlender Fülle und verteilten ihre Samen großzügig auf den Wegen ringsum. Ben sammelte eine Handvoll auf. In ein Blumenbeet wäre er nie getreten. Aber wenn Samen auf dem Weg lagen? Wahrscheinlich durfte man das auch nicht. Aber daran dachte er nicht. Zu Hause verschenkte er sie. So gab es in manch kleinem Garten Hamburgs, Potsdams oder Berlins im Jahr darauf Dalai-Lama-Blumen. So wurden sie von allen genannt, die in den Besitz dieser kostbaren Samen gelangt waren. Zumeist hielten sich Blumen und Samen über zwei oder drei Sommer. Dann wollten sie nicht mehr. Ob sie ihren Ursprung zu sehr vermissten?

Als Ben gegen den Horizont immer winziger wurde, bekam die Großmutter Angst. Vor Jahren hätte sie das nicht beschäftigt. Er kommt schon wieder, würde sie gedacht haben. Ob es am zunehmenden Alter lag, dass sie jetzt anders reagierte? Jedenfalls holte sie ihn mit einiger Mühe ein und ging mit ihm zurück zur Gruppe.

Ben sagte nur, er habe etwas allein sein müssen, um nachdenken zu können. Also das zu tun, was er häufig tat.

Worüber er nachdenken musste, sagte er nicht.

Auf dem Weg nach oben hatte die kleine Gruppe Kloster um Kloster passiert, gesehen, wie die Kulturrevolution vor Jahren gewütet hatte und von den nationalen und internationalen Anstrengungen erfahren, wieder aufzubauen, was möglich war.

Die Verluste waren hoch und reichten bis vor die Tore des Potala. Und viele Mönche hatten in der Treue zu ihrem Glauben und ihrem Kloster den Tod gefunden.

Die einander an Präzision und Farbenpracht überbietenden Figuren aus Yak-Butter beschäftigten Ben besonders: Mit Ausdauer modelliert, aber nicht auf Bestand ausgerichtet, sondern zum alsbaldigen Vergehen bestimmt. Er war fasziniert. Er, der groß geworden war in einer Welt des Besitzes und des Festhaltens dessen, was man besaß, wurde konfrontiert mit einer Welt, die Loslassen und Vergehen akzeptierte. Dazu die Mönche in den Klöstern. Nicht mehr viele, aber es gab sie noch. Rot gekleidet und kahl geschoren, führten sie den Touristen die Kunst des Debattierens vor, die Kunst, mit These und Antithese umzugehen und gegebenenfalls beides zu akzeptieren. Andere wiederum vermittelten einen Einblick in die Kultur des Schweigens, um sich selbst und vielleicht auch andere zu finden.

Ben wurde noch stiller, als er ohnehin schon war.

Wenige Jahre später stand fest, er würde in ein Kloster gehen. Nicht als Tagestourist, nicht als Kursteilnehmer zum einmaligen Erfahren klösterlicher Lebensweise, nein, er würde dortbleiben – ganz. Er hoffte, ein anderes Leben zu finden als jenes, dem er tagtäglich begegnete. Ein einfaches Leben, als Armer unter Armen. Er wollte nicht, dass der Tanz um das Goldene Kalb sein Dasein beherrschte.

Die Schriften des Dalai und seine Reise nach Tibet hatten ihn angeregt. Doch vieles, was er gesehen und gelesen hatte, schien ihm zu wenig mit seiner eigenen Kultur und Herkunft vereinbar zu sein. Er entschied sich für ein Kloster in England.

Seit seiner Kindheit hatte es ihn ja in dieses Land gezogen und den kleinen roten Doppelstockbus hütete er noch heute wie einen Schatz. Der Großvater schien ihn auf einmal wieder zu verstehen, die Großmutter war traurig und ratlos, weil sie Ben nicht verlieren wollte.

Ben war erst wenige Monate in England, als der Großvater starb. Er kehrte nach Deutschland zurück. Am Grab des Großvaters trug er ihr gemeinsames Lieblingsgedicht *Mondnacht* von Joseph von Eichendorff vor. Bei der letzten Strophe

Und meine Seele spannte
Weit ihre Flügel aus,
Flog durch die stillen Lande,
Als flöge sie nach Haus.

versagte ihm die Stimme.

Am Abend desselben Tages flog er zurück nach England.

*

Nachdem die alte Dame Trauer und Ratlosigkeit angesichts der Entscheidung ihres Enkels überwunden hatte, fand sie zu dem ihr eigenen Pragmatismus zurück. Sie wollte wissen, wie man heutzutage in einem Kloster lebte und vor allem, wie ihr Enkel leben könnte. Daher nutzte sie die erste Chance, die ihr ein guter Freund bot, und meldete sich, zusammen mit ihrer besten Freundin, in einem Kloster an. Ausgerechnet zu einem Fastenkurs. Ihr Arzt schaute etwas besorgt, als die beiden alten Damen zu ihm kamen. Fasten im landläufigen Sinne hätten sie wirklich nicht nötig, gab er ihnen zu verstehen. Aber das war ja auch nicht ihre Absicht. Schließlich gab er ihnen den Weg frei, samt vieler guter Ratschläge, von denen sie einige sogar ernst nahmen.

Mitte November machten sich beide Frauen auf den Weg. Das erfolgte noch zu Großvaters Lebzeiten.

Als der Fastenkurs zu Ende war, schaute die Großmutter vom angestammten Raum der Gruppe – einfache Holztische, dicke Mauern nach draußen, kleine, im Mauerwerk fast verschwindende Fenster – nach draußen. Sie wusste, welche Blickrichtung sie nehmen musste. Die Luft war klar, der Himmel fast blau. Günstige Bedingung. Der Stammsitz der Hohenzollern, nicht allzu weit entfernt, trat deutlich hervor. Sie behielt die allererste Kartoffel nach dem Fastenbrechen andachtsvoll eine Weile in der Hand und dachte an Friedrich den Großen, der die Knolle damals eingeführt und seinen Untertanen ans Herz gelegt hatte. Und auch wenn Nudeln und Reis ihren wunderbaren Erdäpfeln mittlerweile heftig Konkurrenz machten, sind sie bis heute die Lieblingsnahrung ihrer Nachfahren geblieben.

Das Fasten hatte die Großmutter von Tag zu Tag freier und – ja auch glücklicher gemacht. Dazu die Struktur gebenden Tagesgebete, die Konzerte in der kleinen Kapelle, wenn das Abendlicht durch die bunten Glasfenster fiel, der geheimnisumwitterte Kreuzgang, der noch immer liebevoll gepflegte kleine Klostergarten, die beiden wunderbaren Ginkgo-Bäume, deren Zweige dicht an die Mansardenzimmer reichten, in denen die Großmutter und ihre Freundin schliefen und in die nahezu täglich einige Ginkgo-Blätter geweht wurden, die der anbrechende Frost und die klare, kalte Wintersonne von den Zweigen gelöst hatten. Das Kloster war kein richtiges Kloster mehr, Mönche oder Nonnen lebten hier nicht mehr. Viele Jahre war es Heimstatt für Dominikanerinnen gewesen. Säkularisiert wurde es später zu Einkehrhaus und Tagungsstätte. Es gab Menschen, die die Botschaft alter Klostermauern in sich aufnehmen wollten, Zeit zum Nachdenken und Besinnen darin suchten. Das Kloster bot einen Ort für rücksichtsvolles und freundliches Miteinander. Und es gab Raum für den Austausch von Gedanken, das Vorlesen großer Literatur, für Klavierspiel und gemeinsames Zuhören. Sollte so etwas oder Ähnliches für ihren Ben Alltäglichkeit sein? Eine leichte Beruhigung schien sich in ihr auszubreiten.

Doch als sie Ben später in seinem richtigen Kloster mitten in London besuchte, wurde sie enttäuscht. Zu dieser Zeit lebte der Großvater schon nicht mehr, sodass sie mit ihren Wahrnehmungen auch noch allein war. Ihr Kloster, das einzige, das sie je kennengelernt hatte, schien ihr echter gewesen zu sein als das, was sie jetzt sah: Reihenhaushälfte in einem kleinen zweistöckigen Haus, Außenansicht so wie man sie aus zahlreichen englischen Krimis kannte, drinnen winzige Küche, winziges Büro, einfacher Gebetsraum. Eine Holztreppe, die in den ersten und zweiten Stock zu den Räumen führte, die vier Brüdern des Hauses Platz boten. Im Souterrain ein etwas größerer Raum mit sauber gescheuerten Holztischen zum Teetrinken für Arme und Obdachlose. Jedoch offen für jedermann.

In einem der vier Räume wohnte ein neunzigjähriger Bruder, liebevoll gepflegt von den anderen. Seine Arthritis erlaubte ihm kaum noch Bewegung.

Als die Großmutter nochmals einen Blick in die Küche warf, waren Boten dabei, Berge belegter Sandwiches abzugeben, Spenden vieler, ganz unterschiedlicher Institutionen. Ein etwa zwölfjähriger Junge packte die Sandwiches in große Tüten, zwei Mönche in braunen Kutten taten das Gleiche. Das alles geschah wohl jeden zweiten Tag.

Die Großmutter erfuhr auch, dass Ben in einem umfunktionierten Kirchengebäude Brot gebacken habe. Nicht allein. Das war nicht der Sinn des Ganzen. Mit anderen zusammen sollte gebacken werden. Mehrere Interessierte wurden eingelassen, durften selbst Brot backen. Zwei Brote pro Person: ein Brot für sich, eines zum Verschenken. Die Unterhaltung beim Backen und Essen brachte die Menschen einander näher. Und es kamen täglich viele. Nicht nur Arme und Bedürftige. Auch gestresste Manager und andere Gutverdienende nahmen das Angebot wahr. Und erlebten nicht nur den Wert und die Freude eigener Arbeit, sondern auch des Verschenkens an andere.

Die wichtigste und tief erfüllende Arbeit war für Ben jedoch die Betreuung Sterbender auf einer Palliativstation gewesen, wie er der Großmutter erzählte. Nicht nur mit tröstenden Gebeten, sondern er musste auch harte Pflegearbeit leisten. Und er lächelte irgendwie versonnen, als er sagte: »Kannst du dir vorstellen, dass wir viel gelacht haben?« Das fiel der Großmutter tatsächlich schwer. Acht Monate hatte Ben dort gearbeitet.

Und schließlich führte er die Großmutter noch durch den winzigen Klostergarten mitten im Zentrum von London. Er war leicht verwildert. Der Bruder, dessen ganze Liebe dem Garten gegolten hatte, war vor zwei Jahren gestorben. Kein Nachfolger hatte sich dafür gefunden. Aber an einigen Stellen wagten sich büschelweise knallgelbe Osterglocken durch das graubraune vertrocknete Gras. Spuren, die der alte Bruder hinterlassen hatte. Und gerade diese Mischung aus Verwahrlosung, Vergessen und energischem Durchbruch der Natur verlieh dem alten Klostergarten einen ganz besonderen Reiz. Auch Ben schien davon gefangen, wieder und wieder blieb er stehen und wies auf den einen oder anderen durch das Grau brechenden grünen Grasbüschel und natürlich die Osterglocken.

Er zeigte der Großmutter noch den Gebetsraum und brachte sie zurück zum Hotel.

Die Reihenhaushälfte war Außenstelle oder besser Bestandteil des über das Land verteilten Ordens. Anglikanische Kirche. Die Novizen mussten mehrere dieser Orte durchlaufen – mit definierten Aufgaben und Pflichten –, bevor sie als Mönche in den Orden aufgenommen wurden.

Nach all diesen Eindrücken wuchs das Verständnis der Großmutter für den Weg, den Ben gewählt hatte. Wenig erfuhr sie allerdings von den Regeln, die das tägliche Klosterleben bestimmten.

❋

Ungefähr fünf Jahre lebte Ben nun schon in seinem Kloster, lebte ein Leben in Armut, Enthaltsamkeit, Selbstbeschränkung. Es herrschten Selbstverwaltung und knappe Kassen. Ben hatte sich nicht für ein reiches Kloster entschieden. Die gab es auch, aber sie interessierten ihn nicht. Pro Monat ein minimales Taschengeld. Ausreichend für Seife, Zahnbürste, Zahnpasta und ein klein wenig Luxus – zum Beispiel ein Buch. Auch ein harter Krimi war nicht verpönt. Getragen wurde vorwiegend Secondhand-Kleidung, und auch die warm und weich wirkenden braunen Kutten seines Ordens hatten abgenutzte dünne Stellen.

Was sonst noch – neben dem Erlös aus Gastbetrieb, Fastenkursen, Kursen zu Lebenshilfe und Bildung – in die Klosterkassen gespült wurde, waren vor allem Spenden verwitweter alter Damen auf dem Land, die gern einmal zusammen mit den Mönchen feierten. Und nicht nur das Christfest.

Im Laufe der Zeit hatte die Großmutter immer besser verstanden, wie die Päckchen beschaffen sein mussten, die sie an Ben versandte. Teilbarkeit war ein wichtiges Gebot. Geteilt wurde alles und unter allen.

Ein einziges Mal behielt Ben etwas für sich allein. Ein schwarzes T-Shirt und eine schwarze Jeans. Abgelegt vom Großvater, der seine schlanke Figur bis zu seinem Tod behalten hatte. Und Ben hatte gerade etwas zum Anziehen gebraucht.

In der Regel ließ Ben zu Hause relativ wenig von sich hören, und wenn, dann berichtete er von seiner intensiven Arbeit in den Gärten verschiedener Klöster, dem Unterricht, den er Flüchtlingen neuerdings erteilte, und von seiner Aneignung des PC. Das Kloster schien nicht schlecht mit Computern ausgestattet zu sein. Und sogar ein Smartphone hatte Ben von einer der alten Damen geschenkt bekommen. Abgeschnitten von der modernen Welt war das Kloster also durchaus nicht.

Hin und wieder berichtete er von seinen Klosterbrüdern aus Schweden, Ungarn und Afghanistan oder dass er bereits mehrmals zum Fasten in Klausur gegangen sei. Weitere Mitteilungen gab es nicht. Der konkrete Alltag im Kloster blieb der Großmutter weiterhin verborgen. In den Urlauben, die es jährlich gab, war er nur kurze Zeit zu Hause, reiste vielmehr durch Europa, um immer wieder einige seiner neu gewonnenen Freunde in deren Heimat zu besuchen, und erwies sich dabei als ein Meister der Nutzung von Tiefstpreisen in Bus und Bahn.

Als er wieder einmal die Großmutter besuchte, teilte er ihr mit, dass er sich entschieden habe, auf eine längere

Pilgerwanderung zu gehen. Sie nahm das ziemlich gelassen hin, denn der Jakobsweg, an den die Großmutter spontan dachte, war mittlerweile zum Hotspot für die junge Generation geworden, er dauerte in der Regel drei Wochen. Sie sagte daher nur: »Ein paar ordentliche Schuhe brauchst du da aber.« Ben ignorierte diesen Satz und teilte weiter mit, dass er einen etwas anderen Weg gehen werde. Auch jetzt zuckte die Großmutter noch nicht zusammen und fragte nur: »Welchen Weg gehst du denn, und wie viele Kilometer sind es?« – »So ungefähr 1700. Ich gehe die alte Via Francigena. Von England durch Frankreich, die Schweiz nach Italien. Enden wird er für mich in Assisi, Geburts- und Sterbeort des heiligen Franziskus. Dauert so zweieinhalb bis drei Monate.« – »Und wie viele Kilometer wirst du fahren?«, fragte die Großmutter noch. »Keinen, ich gehe zu Fuß«, antwortete Ben.

Die alte Dame ließ sich nicht anmerken, was sie dachte, und stellte lediglich fest: »Da brauchst du noch bessere Schuhe als für den Jakobsweg!« Nach einem zweistündigen Kampf war Ben bereit, sich ein Paar der besten Schuhe, die es gab, für seinen Pilgerweg schenken zu lassen. Die zu veranschlagenden 300 Euro schmerzten ihn zwar sehr, aber er war auch intelligent genug, deren praktischen Nutzen einzuschätzen. Der Kauf war ein dreistündiges Großereignis im besten Spezialgeschäft der Stadt. Probegehen auf einer speziell präparierten Laufstrecke im Laden, der Kauf perfekter Socken und natürlich ein umwerfend beflissener Verkäufer machten ihn dazu. Einen Rucksack besaß Ben schon.

Die Großmutter war anschließend etwas erschöpft, Ben

nicht. Es schien, als würde er es letztendlich doch genießen, nach langer Zeit der Zurückhaltung ein solches Erlebnis zu haben.

Der Kauf wurde mit einem Eis aus der Tüte gefeiert, das Ben bezahlte. Ganz nebenbei teilte er der Großmutter am Eisstand noch mit, dass er von seinem Orden ein schlichtes Ein-Mann-Zelt und einen winzigen Obolus, gedacht für Notfälle, erhalten werde. Alles andere wäre seine Sache. Die Lage schnell einschätzend, sagte die Großmutter – und schien dabei ganz ruhig zu sein: »Du wirst also betteln müssen?« Ebenso ruhig erwiderte Ben: »Ja!« Darauf die Großmutter: »Kannst du das?« – »Nein«, meinte Ben, leicht zögerlich. Und setzte hinzu: »Aber ich werde es lernen.« Eine leichte Bissigkeit konnte sich die Großmutter nun doch nicht verkneifen und meinte, dass annähernd 2000 Kilometer Wegstrecke wohl dafür ausreichen würden. Ben sagte nichts mehr, sondern lächelte nur etwas verlegen. Die Großmutter gab aber noch keine Ruhe. »Wie du gesagt hast, wirst du die ganze Strecke zu Fuß gehen. Und allein wirst du auch sein?« Beides bejahte Ben erneut, und die Großmutter fuhr beharrlich fort: »Was ist, wenn dich jemand überfällt? Wie wirst du dich wehren? Hast du wenigstens einen Kurs in Selbstverteidigung absolviert?« Ben antwortete sehr ruhig: »Ich brauche mich nicht besonders zu schützen und zu wehren schon gar nicht. Ich gehe in meiner braunen Kutte, in ihr werde ich von den meisten Menschen geachtet, und meine Gebete schützen mich. Mehr brauche ich nicht.«

Die Großmutter schwieg nun, hatte jedoch später, nachdem sich Ben auf den Weg gemacht hatte, mehr als eine schlaflose Nacht. Was Ben bei all den Disputen verschwiegen hatte: Er sollte in wenigen Monaten auf Lebenszeit in den Orden aufgenommen werden. Es sollte ein schönes und besinnliches Fest geben. Einladungen an die Familie waren vorbereitet.

Da waren ihm auf einmal Zweifel gekommen.

Und wie immer sprach er mit niemandem darüber, er wollte das Problem für sich allein lösen. Die zweieinhalb bis drei Monate sollten ihm – so hatte er für sich entschieden – endgültig darüber Auskunft geben, ob sein gewählter Weg noch immer der richtige für ihn war.

⁂

Längere Zeit hörte die Großmutter nichts von Ben. Es beunruhigte sie nicht sonderlich. So war er eben. Zuweilen stieg allerdings eine winzige Spur von Ärger in ihr auf. Aber ihr Verständnis für Ben siegte stets erneut – vor allem ihr Vertrauen in ihn. Er würde nach England zurückgekehrt sein, der Sommer war ja noch nicht zu Ende. Er würde seine Vorbereitungen für die große Pilgerreise getroffen und sich Anfang August auf den Weg gemacht haben. Wie er es ihr gesagt hatte. Und wenn er es für richtig hielt, würde er sich schon bei ihr melden. Was sollte sie tun? Nichts. Sie konnte nur warten.

Seine erste Nachricht erhielt sie Ende August. Seine Mail war kurz und knapp. Unpersönlich. Aber die Großmutter freute sich, wusste sie doch jetzt, dass er unterwegs war, Frankreich weitgehend hinter sich gelassen hatte und sich bereits auf dem Weg in die Schweiz befand. Näheres erfuhr sie nicht. Gern wäre sie ihm in Gedanken auf seinem Weg gefolgt, aber ihr Wissen und ihre Vorstellungskraft reichten dafür nicht aus.

Dreimal noch schickte ihr Ben Mails. Allesamt nicht sonderlich aussagekräftig. Aber wenn er schrieb, war er zumindest noch am Leben. Kriegserinnerungen aus ihrer eigenen Vergangenheit, den Tagen ihrer Kindheit, drängten sich ihr immer wieder auf. Das vergebliche Warten auf Nachricht vom Vater, die Erleichterung, die Freude, wenn das wochenlange Schweigen auf einmal gebrochen worden war. Die Großmutter war solchen Erinnerungen ausgeliefert – auch wenn die Zeit jetzt eine ganz andere war.

Die alles verändernde Nachricht erreichte sie auf ihrem Smartphone beim Einkaufen: Ben befand sich bereits wieder in Deutschland. Am 24. oder 25. Oktober, also in knapp drei Tagen, würde er sich mit Lukas, seinem besten Schulfreund, und einigen weiteren Freunden in Marburg, ihrer alten Uni-Stadt, treffen. Dann ginge es für ihn unverzüglich weiter nach England, wo er etwas Dringendes zu regeln habe. Leider würden sie sich voraussichtlich erst an Weihnachten treffen können.

Die Großmutter lief langsam und nachdenklich einige Male um die Häuser, dann stand ihr Plan fest. Sie ging zu ihrer Reisekauffrau, buchte den Wintergarten eines schönen Marburger Hotels, ließ einen Tisch zum Frühstück am 25. Oktober für 8 bis 10 Personen reservieren, buchte eine Bahnfahrt nach Marburg mit Rückfahrt, Taxen zum Bahnhof und zurück inbegriffen. Alles verlief reibungslos, obwohl die Großmutter die achtzig bereits überschritten hatte und ihr manches nicht mehr so leichtfiel.

Sie rief Lukas an, der früher häufig mit Ben zusammen bei ihr gewesen war, überzeugte ihn, dass sie Ben unbedingt sehen müsse, und bat um seine Unterstützung. Lukas verstand sofort. Er würde alle Freunde zum Frühstück in das Hotel lotsen, ihnen sagen, ein Überraschungsgast warte dort auf sie.

Die Überraschung gelang.

Es wurde ein großes und heiteres Frühstück. Ben nahm neben der Großmutter Platz. Ab und zu legte er behutsam seinen Arm um sie.

Nach ungefähr drei Stunden verließen die Freunde das Hotel. Ben blieb mit der Großmutter allein zurück. Sie fanden eine abgeschottete Ecke im großzügigen Foyer des Hotels, setzten sich einander gegenüber und schauten sich an. »Was willst du wissen?«, fragte Ben schließlich. »Alles«, sagte die Großmutter. »Alles geht nicht«, erwiderte ihr Ben lächelnd. »Einiges aber schon. Ich erzähle der Reihe nach und am besten nur das, was mir wichtig war.« Er stockte: »So genau weiß ich jetzt allerdings noch gar nicht, was wirklich wichtig war.« Nach einer kleinen Pause setzte er fort: »Sagen wir so, den großen oder kleinen Rest erzähle ich dir dann zu Weihnachten.«

Die Großmutter nickte, sie wollte einfach nur aufnehmen, wie es ihrem Enkel ergangen war.

Und Ben begann.

*

»Ich stand im Hafen von Dover. Stundenlang. Dachte, wenn da einer in brauner Kutte steht, würden sich die Brummi-

Fahrer darum reißen, ihn durch den Eurotunnel mit nach Calais zu nehmen. War aber nicht so. Ich gab auf, zählte mein Geld, kaufte mir die billigste Schiffspassage, die es gab, und war nach zwei Stunden mit dem Schiff in Frankreich. Zuvor hatte ich schon eine weitere Enttäuschung erlebt: In England hatte mich zunächst einer meiner Klosterbrüder begleitet. Ein bis zwei Kilometer vielleicht. Eine schöne Geste, mehr nicht. Dennoch war ich enttäuscht, als er sich von mir verabschiedete und rasch im Menschengetümmel des Hafens verschwand.«

»Aber es war doch dein Wunsch und Wille, allein zu gehen«, unterbrach ihn die Großmutter. »So hattest du es mir zumindest gesagt.«

»Ja, aber plötzlich begann mich das Alleinsein zu beschäftigen. Die gesamte Überfahrt konnte ich an nichts anderes denken. Dabei hatte ich doch bereits trainiert, mich zum Fasten und Meditieren in unsere kleine Hütte auf dem Klostergelände zurückgezogen. Nicht nur einmal. Aber das große Haus war stets in der Nähe gewesen, ich hätte das Fasten und Meditieren jederzeit abbrechen können. Doch wie würde es jetzt sein? Wo würde es Schutz und Sicherheit für mich geben? Mit jeder Seemeile, die das Schiff zurücklegte, wurde mir ein Quäntchen bewusster, worauf ich mich eingelassen hatte.«

Die Großmutter wagte kaum, Luft zu holen. Trotz ihrer engen Bindung hatte Ben noch nie so offen über sein Denken und Fühlen gesprochen. Und es erfasste sie beinahe so etwas wie Mitleid, doch das war sicher das Letzte, was Ben gewollt hätte.

Er fuhr fort: »In Calais überlegte ich ernsthaft, ob

es nicht sinnvoller wäre, wieder umzukehren. Aber das schaffte ich auch nicht. Ich beschloss, ohne weiteres Nachdenken loszulaufen, mich durch die Menschenmassen mit meinem Gepäck hindurchzuschieben und zu laufen, immer weiter zu laufen, bis ich keine Kraft mehr hätte. Die Dunkelheit brach herein. Ich schlug das Zelt auf, das mir meine Brüder mitgegeben hatten, und legte mich schlafen. Da, wo ich gerade stand. Und wachte dort auch morgens wieder auf. Ob ich in dieser ersten Nacht wirklich geschlafen habe, weiß ich nicht. Aber am Morgen war ich mir sicher, dass ich nicht aufgeben würde. Auf keinen Fall!«

Die Großmutter spürte, wie eine sanfte Erleichterung sie durchströmte. Trotz aller schlaflosen Nächte, die sie seinetwegen gehabt hatte, war sie gerade darüber froh. Sie lauschte gespannt seinen weiteren Schilderungen. Als ahnte er, was sie besonders interessierte, fuhr er fort: »Du weißt um das Armutsgelübde meines Ordens. Du kannst dir auch denken, wie wenig Geld ich in der Tasche hatte. Blieb also wirklich nur das Betteln. Ein alter Ordensbruder hat mir diese Worte mit auf den Weg gegeben: ›Der schwierigste Teil des Bettelns ist das Abgewiesenwerden. Das heißt, du bekommst nichts, obwohl du hungrig bist oder was auch immer. Damit musst du fertig werden.‹ Er hat mir ferner geraten, wenn ich etwas erhalte, solle ich einmal für diesen Menschen beten, wenn ich aber nichts erhalte, solle ich das zweimal tun. Ich sagte sofort, das sei doch unlogisch. Mein alter Bruder meinte nur, ich solle meine Logik wegstecken. Das zweimalige Beten habe den Sinn, den Verweigerer nachdenklich zu stimmen. Vielleicht würde er den nächsten bettelnden Mönch dann freundlicher behandeln.

Nachdem ich meinen letzten Cent eingesetzt hatte, begann ich schweren Herzens zu betteln. Mehrere Male in kleinen Bäckereien. Und wurde nicht abgewiesen.«

Der Hunger sei trotzdem nicht sein Hauptproblem gewesen, betonte Ben. Viel schlimmer war nach wie vor das Alleinsein. »Was konnte ich tun? Ich habe versucht, allem davonzulaufen. Stur vor mich hinzulaufen, mindestens zwanzig Kilometer Tag für Tag. Da war nichts mit Nachdenken oder meditativer Besinnung. Ich war eine menschliche Maschine, die kaum noch etwas wahrnahm, nicht einmal sich selbst. Ich bewegte mich einfach nur weiter, immer weiter. Und auf einmal war ich in Laon angekommen. Nach 300 Kilometern. Als ich meine Wanderung plante, hatte ich Laon als erstes großes Reiseziel festgelegt.«

»Und«, fragte die Großmutter, »hast du dich gefreut, dein Ziel erreicht zu haben?«

Ben antwortete ehrlich, dass er das überhaupt nicht gekonnt hätte, dazu sei er viel zu erschöpft gewesen. Und setzte, um die Versuche der Großmutter, ihn zu unterbrechen, abzuwehren, seine Erzählung rasch fort.

Er sei müde, erschöpft und unglücklich in Laon angekommen. Für die wunderbare Kathedrale der Stadt, die häufig in die Nähe von Notre Dame gerückt wird, habe er keinen Blick gehabt, sich die Stufen hochgequält, festgestellt, dass ihre schweren Tore verschlossen waren. Dort hätte er gern ein bis zwei Stunden sitzen wollen. Allerdings sei Musik nach draußen gedrungen, wahrscheinlich wurde gerade eine Messe abgehalten. »Die ruhige Musik hat mich etwas entschädigt. Ich ließ mich auf die Stufen der Kathedrale fallen, mein Rucksack rutschte einige Stufen nach unten, stützte mein verschwitztes Gesicht in die Hände, schloss die Augen, blieb so minutenlang sitzen. Als ich nach einiger Zeit die Augen öffnete, sah ich eine Gruppe junger Fahrradfahrer auf ihren Rädern vorbeijagen. Bald waren sie nicht mehr zu sehen. Nach wenigen Minuten tauchte jedoch einer der jungen Leute wieder auf, sprang von seinem Rad, rannte die Stufen hoch zu mir, drückte mir einen Zwanzig-Euro-Schein in die Hand, sagte leise etwas, was ich nicht verstand, lächelte und verschwand.

Und so blieb mir das Betteln erneut eine Zeitlang erspart. Ich konnte für meine Bedürfnisse nahezu fürstlich leben. Und als habe sie der Himmel geschickt, verspürte ich plötzlich Kraft und Energie. Und eine tiefe Freude, wie ich sie bislang noch nicht gekannt hatte. Ich nahm die stille, abendliche Landschaft um mich herum wahr, als hätte es sie bislang nicht gegeben. Als die Dunkelheit anbrach, konnte ich die Sterne sehen. Unzählige Sterne. Ich entdeckte den Großen und den Kleinen Bär, erkannte Leier und Kassiopeia. Mit etwas Wehmut dachte ich an den Großvater, der es geliebt hatte, mit mir durch den dunklen Wald zu gehen und mir die Sternbilder zu erklären. An seiner Hand hatte ich mich sicher gefühlt. Obwohl ich mich jetzt nicht unsicher fühlte. Nur wäre es schöner gewesen, nicht allein nach den Sternen zu schauen.« Ben machte eine kurze Pause. Dieses Erlebnis an der Kathedrale von Laon habe ihn unglaublich beflügelt. Er habe nicht nur die Landschaft, sondern auch sich selbst neu wahrgenommen, konnte über sich und seinen Weg wieder nachdenken.

»Meine Stimmung hatte sich so sehr aufgehellt, dass ich in der Champagne, bei ihren gastfreundlichen Menschen, beinahe gegen meine Vorsätze verstoßen und Champagner mit ihnen getrunken hätte. – Seltsam, meine innere Verfassung schien auch nach außen auszustrahlen. War ich vorher in mich gekehrt gelaufen, hatte kaum einen Menschen angeschaut und auch kaum einer mich, so war jetzt auf einmal alles anders. Nicht wenige Menschen suchten das Gespräch mit mir, wollten mir etwas aus ihrem Leben erzählen, in meine Gebete eingeschlossen werden. Und um ein Stück Brot, um eine Mahlzeit brauchte ich kaum einmal zu bitten. Es war, als wüssten die Menschen, was ich nötig hatte. – Noch bei herrlichem Sommerwetter erreichte ich die Schweiz, warf an einer geschützten Stelle des Genfer Sees alle Kleidung von mir, sprang in den See, schwamm und schwamm, kramte das winzige Stück Seife hervor, das ich bei mir trug, seifte mich ein und genoss das noch warme Wasser des Sees. Es war allerdings auch nötig, nach der langen Zeit«, meinte er lächelnd.

Die Großmutter erwiderte sein Lächeln.

»Als ich meine Kutte wieder übergestreift hatte, fühlte ich mich wie neugeboren«, setzte Ben fort. »Und verspürte so etwas wie Unternehmungslust. Als ich an einer prachtvollen Villa vorbeikam, beschloss ich, genau hier zu läuten und um etwas Essbares zu bitten. Hätte ich Tage zuvor niemals getan! Eine gut gekleidete Frau, so etwa um die Fünfzig, öffnete, und ich brauchte kein Wort zu sagen. Sie empfing mich freundlich und sagte: ›Du hast sicher Hunger, Bruder. Komm, setz dich zu mir, ich freue mich, wenn ich Gesellschaft beim Mittagessen habe.‹

Auf der Terrasse des Hauses aßen wir Rösti, gedünstetes Gemüse und – welch ein Zufall – mein Lieblingsgericht, gebratene Waldpilze. Es war herrlich. Wir unterhielten uns angeregt, ganze zwei Stunden. Die Villenbesitzerin erkundigte sich nach meinen Plänen, wurde hellwach, als ich erzählte, dass ich gerade auf dem Weg zum Großen St. Bernhard sei. Es stellte sich heraus, dass sie seit ihrer Jugend Bergsteigerin war. Und dass sie vorhabe, das bis ins hohe Alter zu bleiben. Ich war hingerissen. Als sie von einigen ihrer Touren sprach, hätte ich ihr stundenlang zuhören können. Aber ich wollte ja weiter. Sie packte mir noch ein paar Brote und eine Flasche Wasser ein. Am wertvollsten waren für mich jedoch die Ratschläge, die sie mir, dem Laien, mit auf den Weg gab. Vor allem solle ich den Großen St. Bernhard, mein nächstes Ziel, sehr bedacht und vorsichtig angehen. Der Aufstieg sei sehr steil, und Anfänger überschätzten dabei häufig ihre Kräfte.

Zudem sei das Geröll links und rechts des Weges äußerst gefährlich. Also Achtsamkeit!

Und schließlich lobte sie noch meine sehr guten Schuhe. Das wird dich besonders freuen!«

Wenn sich die Großmutter an etwas deutlich erinnerte, dann an den Einkaufsmarathon, den sie beide vor Monaten bewältigt hatten. Sie freute sich natürlich, wie schön sie nun in ihrem Beharren bestätigt wurde.

Ben sprach noch von den guten Wünschen für seine weitere Pilgerreise, die ihm seine Gastgeberin mit auf den Weg gegeben hatte und ihrem Angebot, falls ihn sein Rückweg wieder hier vorbeiführte, unbedingt bei ihr Station zu machen. Ihr Haus stünde ihm immer offen.

Ben legte eine Pause ein, bevor er weitersprach.

»Das Gespräch, die Begegnung mit dieser Frau, beschäftigten mich mehr, als ich gedacht hatte. Sie gaben meinen Gedanken eine Richtung, die ich bisher nicht haben wollte. Zugleich dachte ich aber auch, dass es gut sei, solche Gedanken zu haben, sie in meine Überlegungen einzubeziehen. Mich hatte mit einem Mal eine unheimliche Faszination von dieser Art zu leben erfasst. So hätte ich auch leben können, wenn ich mich nicht nach meinem Studium anders entschieden hätte. Ich brauchte meinen Wohlstand ja nicht für mich zu behalten, ich könnte ihn teilen, könnte Projekte finanzieren. Sogar jetzt könnte ich mich noch für einen solchen Weg entscheiden, wenn ich mich auch etwas mehr anstrengen müsste, denn seit dem Abschluss meines Studiums ist ja eine erhebliche Zeit vergangen. Aber unmöglich wäre es nicht.«

»Nein«, warf die Großmutter sofort ein. »Und für mich wäre es auch nicht schlecht.« Sie redete, als stünde die Frage jetzt an. Genau in diesem Augenblick. »Ich könnte vielleicht für dich arbeiten, ich könnte dir helfen, wie es in italienischen Großfamilien üblich ist. In technischen Fragen könnte ich zwar nur wenig ausrichten, aber ich könnte dir beim Management deiner Vorhaben helfen, Mitarbeiter motivieren. Vielleicht auch Statistiken für dich anfertigen. Die waren schon immer meine Leidenschaft. Und«, setzte sie leise und vorsichtig hinzu, »ich wäre immer in deiner Nähe.«

Die Großmutter begann, sich in dieser Gedankenwelt einzurichten, und dabei wäre ihr fast entgangen, dass Ben bereits weitersprach:

»Sie quälten mich, diese Überlegungen, ich kam nicht los von ihnen. Auch tags darauf hielten sie mich noch fest.

Ich war so sehr damit befasst, dass ich nicht auf den Weg achtete. Der war steiler geworden, immer mehr Geröll links und rechts hatte sich angesammelt – und löste sich. Ich stürzte, rutschte nach unten. Eine Baumwurzel bot mir schließlich Halt, ich klammerte mich an ihr fest. Beide Knie und Unterschenkel waren aufgeschlagen. Da es noch warm war, hatte ich meine Jeans unter der Kutte hochgekrempelt, die Haut war ungeschützt. Außer den ansehnlichen Schürfwunden hatte ich aber nichts davongetragen. Ob mein Rucksack bremste oder beschleunigte, ist mir bis heute nicht klar. Ist aber auch nicht so wichtig. Jedenfalls fand ich irgendwie Halt, konnte mich sogar nach einigen Versuchen richtig hinsetzen, begann Knie und Beine vorsichtig zu reinigen und Pflaster aufzukleben. Für solche Fälle hatte mir einer meiner Brüder ein kleines Verbandspäckchen gegeben und mir eingeschärft, dass ich das immer griffbereit halten solle. Ich sandte einen guten Gedanken zu ihm in mein Kloster, packte den übrig gebliebenen Rest an Desinfektionslösung und Verbandsmaterial sorgfältig wieder ein. Wer weiß, dachte ich, wie oft ich vielleicht noch stürzen werde. Und meine Vorräte waren begrenzt. Ich musste also sparsam sein.

Als ich mich wieder auf den Weg machen wollte, merkte ich, wie sehr die Wunden brannten und schmerzten. Ich konnte nur noch langsam gehen. Und zusammenreißen musste ich mich auch. Das schöne Haus, meine freundliche Gastgeberin, die Gedanken, die danach in meinem Kopf kreisten, waren verschwunden. Jetzt beschäftigte mich Naheliegendes: Wie viele Kilometer lagen noch vor mir? Nach meinen Berechnungen hatte ich noch nicht einmal die Hälfte der Strecke bewältigt. Und mein Tempo war erschreckend, wie eine lahme Ente kam ich mir vor. Noch war mir auf dieser Etappe des Weges kaum jemand begegnet. Was wäre, wenn die Schürfwunden sich entzündeten? Wenn ich Hilfe brauchte? Mein Handy hatte keinen Empfang. Ich musste Ordnung in meinen Kopf bringen. Außer Meditieren und Beten fiel mir nichts ein. Beides hatte ich gelernt. Ich schlug mein Zelt auf, beschloss eine Pause einzulegen. Kam langsam zu innerer Ruhe. Aber es dauerte. Etwas hat mir wohl ganz besonders geholfen. Der alte Klosterbruder, der, der mir die Bettelratschläge gegeben hatte, gab mir noch etwas mit auf den Weg: Ich solle bei allem, was ich unternehme, immer auch mit etwas Fortune rechnen. Und das tat ich. Er meinte, große Feldherren hätten insgeheim stets mit ihrem Glück gerechnet. Und ich hatte Glück. Nach wenigen Tagen beruhigten sich meine Schürfwunden, und ich konnte beinahe so laufen wie vor meinem Unfall.

Der eigentliche Aufstieg zum Großen St. Bernhard begann. Er war wirklich sehr steil, wie sich bald herausstellte.

Ob ich mein Pensum weiter schaffen würde? Das Wetter war gut, ein leichter Wind wehte, die Bedingungen stimmten also. Zugleich merkte ich mit jedem Schritt, wie mir die Einsamkeit wieder zu schaffen machte. Daher war ich mehr als glücklich, als sich mir eine kleine Gruppe von Pilgern näherte. Sie schienen das gleiche Ziel zu haben wie ich und nahmen mich sofort in ihren Kreis auf. Es kam mir entgegen, dass ihr Tempo gemessen war, denn unter ihnen befand sich ein sehr alter Pilger. – Nach ungefähr fünf Stunden waren wir oben. In einer Höhe von annähernd 3600 Metern. Die wärmenden Sonnenstrahlen hatten sich verflüchtigt. Es begann, empfindlich kühl zu werden. Meine Kutte war nicht so warm, wie sie nach außen den Anschein erweckte, mein kleines Zelt nicht für kalte Temperaturen geeignet. Das Hospiz auf dem Gipfel nahm mich auf. Und duschen konnte ich auch. Eine Krankenschwester schaute sich meine halb verheilten Wunden an und lobte meinen Körper und mich sehr. Es tat mir gut. – Nach einer wunderbar erholsamen Nacht in einem weichen Bett, einem einfachen Frühstück, einem Abschiedsblick auf die Berge ringsum und fröhlicher Verabschiedung von den Gastgebern im Hospiz begann tags darauf der Abstieg. Anstrengender als der Aufstieg. Aber unsere kleine Gruppe, der ich mich wieder anschloss, machte geradezu ein Fest daraus. Ihre Freude, den Großen St. Bernhard bezwungen zu haben, war groß, am meisten freute sich der sehr alte Pilger. Er sagte nicht nur einmal: ›Das ich das noch erleben durfte! Das ich das geschafft habe!‹«

Ben legte eine kleine Pause ein, sah die Großmutter an und meinte: »So hättest du wahrscheinlich auch reagiert.«

Die Großmutter lächelte, dann sagte sie: »Das weiß ich nicht, jedenfalls bin ich froh, dass ich mich einer solchen Tortur nicht aussetzen musste.«

Ben fuhr fort: »Wir verabschiedeten uns voneinander, und ich war wieder allein, dachte daran, dass noch 800 bis 900 Kilometer vor mir lagen. Aber das schreckte mich nicht. Und die Einsamkeit bedrückte mich kaum noch. So etwas wie Stolz und Freude stieg in mir auf, Stolz auf mich selbst? Ich war mir nicht sicher, ob mein Orden das billigen konnte, aber ehrlicherweise kümmerte es mich in diesem Moment nicht sonderlich. Ich genoss dieses Gefühl. Es war mir auch irgendwie neu. Stolz auf mich selbst, das war ich nie gewesen – oder ganz selten. Ich meine, auf so eine freudige, befreiende Art, wie es mich die kleine Pilgergruppe beim Abstieg erleben ließ. Vor allem der älteste Pilger unter ihnen.

Ich blieb stehen, genoss den Blick auf die Berge, die mich umgaben, auf ihre Erhabenheit und Schönheit und spürte, wie ich dazugehörte. Zugleich wurde in meinem Kopf auf einmal viel Platz frei, über meine bisherige Wanderung nachzudenken, über die Menschen, denen ich begegnet war, die mir selbstlos geholfen hatten, und die, denen ich Gutes tun konnte – und wenn es nur etwas Freundlichkeit gewesen war. Und ich dachte über den Lohn harter Anstrengung nach, auch wenn meine Reise noch längst nicht zu Ende war und ich nicht wusste, was mir noch geschehen würde. Ich empfand das Glück menschlicher Zuwendung noch einmal, und ein Gefühl tiefer Dankbarkeit für all das, was ich bislang erlebt hatte und womit ich mich hatte auseinandersetzen müssen, erfüllte mich. War das der Sinn des Pilgerns, dass man solche Gedanken bekam? Vielleicht!«

Die Großmutter hätte Ben am liebsten in den Arm genommen, aber sie war sich nicht sicher, wie er reagieren würde.

»In das Nachdenken über Erlebtes drängte sich nun mit jedem Stück des Weges in Richtung Assisi die zweite Frage: Und was soll nun werden? Das wollte ich ja vor allem herausfinden, als ich mich auf den Weg machte. Ich wollte immer anders leben als andere. Das war, glaube ich, schon so, als ich noch ein kleiner Junge war. Hatte ich jetzt die Antwort darauf gefunden?«

Die Großmutter sagte nichts, dachte aber unvermittelt an Bens Schreibbücher, die sie damals aus den Mülltonnen gerettet hatte und die noch unberührt in der Truhe ihres Arbeitszimmers lagen. Sollte sie ihm von der Rettungsaktion erzählen? War das jetzt der richtige Moment für eine solche Offenbarung? Oder sollte sie sich einfach vornehmen, die Schreibbücher selbst einmal zu lesen? Schreibbücher, die ihr nicht gehörten. Deren Inhalt nicht für sie gedacht war, der sie nichts anging. Oder sollte sie Ben anregen, seine eigenen Schreibbücher zu lesen? Er hatte sich damals von diesem Teil seines Lebens getrennt. Vielleicht hatte er mittlerweile für sich eine ganz andere Lebenserzählung gefunden?

Sie beschloss, dass der Zeitpunkt für diese Offenbarung noch nicht gekommen war.

Ben sprach auch schon weiter. »Wollte ich mich vielleicht in der Palliativmedizin verankern? Ich denke immer wieder daran, mit welch innerer Anteilnahme ich bei den Sterbenskranken gearbeitet habe. Wie glücklich ich war, wenn sie lächelten oder wenn wir gar zusammen lachten. Aber mir war bewusst, dass ich zu wenig Wissen besaß, um mit ihnen richtig umgehen zu können. Vieles gelang mir instinktiv, aus dem Bauch heraus, wie man sagt. Und das war auch in Ordnung, dennoch könnte ich mein Wissen vertiefen. Ähnlich erging es mir auch, wenn ich an den ersten Klostergarten dachte, den ich kennengelernt hatte. Ungepflegt, von Unkraut überwuchert, aber ohne seinen ursprünglichen Zauber ganz verloren zu haben. Was fehlte, war ein Mensch mit einer genügenden Portion an Wissen und praktischen Fähigkeiten und natürlich mit Liebe zu dieser Arbeit. Wären hier nicht genügend Betätigungsfelder für mich zu finden? Und, ging mir weiter durch den Kopf, für welche Tätigkeit brauche ich das Kloster und für welche nicht? Aber wollte ich das Kloster überhaupt ausschließen? Seit wann schwelte ein solcher Gedanke in mir? Eines war jedenfalls klar: Ich brauchte mehr Kenntnisse. Über die Betreuung todkranker Menschen wie auch über die Arbeit in Klostergärten. Je nachdem, wie meine Entscheidung ausfiel. Aber wofür würde ich mich entscheiden?

All das arbeitete auf meinem weiteren Weg durch die Ebenen Norditaliens in mir. Es waren noch viele Kilometer, auf denen ich mich damit befassen konnte. Zuweilen schob ich allerdings alles einfach beiseite, freute mich über die Landschaft und redete mit den Menschen, die mir begegneten. Und als ich auf den Berghängen gegenüber von Assisi saß, war mir in Umrissen klar: Ich werde eine Auszeit nehmen. Ein Jahr oder zwei Jahre. Vielleicht in Deutschland bleiben. Hart arbeiten, um Geld für ein Studium zu verdienen. Welche Arbeit ich ausführen werde, wird keine Rolle spielen. Noch einmal studieren werde ich auf jeden Fall. Aber keinesfalls mit Verbissenheit. Der heilige Franz von Assisi soll seinen Anhängern übrigens geraten haben: Wenn sie einen Garten anlegen, sollen sie immer etwas Land nicht bestellen, sondern der Natur überlassen. Sie würden wunderbare Überraschungen erleben. Ich denke, das gilt wohl für alles, was man beginnt. Ich werde es jedenfalls so halten.«

»Und was wird dein Kloster zu deinen Plänen sagen?«, fragte die alte Dame. »Das wird man sehen«, meinte Ben nur, und: »Ich glaube, ich muss dich jetzt zum Bahnhof bringen.« Er half ihr in den Wagen des Vorortzuges. Und in den anfahrenden Zug hinein rief er: »Es war schön, dass du hier warst.«

Die Großmutter konnte es nur erahnen. Der Zug hatte den Bahnhof bereits geräuschvoll in Richtung Kassel verlassen.

FRANZ HOHLER

Der Enkeltrick

Die Frau, die vor der Wohnungstür stand, war eindeutig nicht die Postbotin, obwohl sie zweimal geklingelt hatte. Die Postbotin hatte blondes Haar, das zu einem Pferdeschwanz gebunden war, und die hier hatte krauses schwarzes Haar und dunkle Augen. Auch trug sie keine blaue Uniform, sondern eine rote Bluse und eine schwarze Lederjacke.

»Frau Ott?«, fragte sie und lächelte.

Amalie Ott nickte. Sie musste zwar ab und zu mit Momenten kämpfen, in denen sie nicht mehr sicher war, wo sie gerade stand oder wohin sie gehen wollte und ob heute wirklich Sonntag war, wenn sie eine geschlossene Kirchentür vorfand, aber mit 88 Jahren sei so etwas nicht ungewöhnlich, hatte ihr der Hausarzt gesagt, und wichtig sei einfach, dass sie immer ihre Adresse bei sich trage, wenn sie das Haus verlasse.

Doch jetzt stand sie bloß an der Wohnungstür und nickte, denn so viel stand fest, sie *war* Amalie Ott.

»Was wünschen Sie?«, fragte sie die fremde Frau.

»Darf ich einen Moment hereinkommen?«, fragte diese, »es ist vertraulich.«

Amalie schloss kurz die Augen und sah ihre zwei Töchter mit ihren Männern und ihren Groß- und Urgroßkin-

228

dern, und sie riefen ihr im Chor zu: »Keine Fremden hereinlassen!«

Als sie die Augen wieder öffnete, stand die Frau in der roten Bluse immer noch da und schaute sie lächelnd an.

»Bitte«, sagt Amalie, »kommen Sie herein.«

»Das ist lieb von Ihnen«, sagte die Fremde, die bereits einen Fuß auf der Schwelle hatte.

»Wir gehen in die Küche«, sagte Amalie und ging vor der Frau her durch einen schwach beleuchteten Korridor in die Küche. Auf dem Tisch war ein Teller mit einem halb gegessenen Stück Butterbrot mit Marmelade und einer Tasse, dahinter ein Glas Nescafé-Pulver.

»Setzen Sie sich«, sagte Amalie und wies auf den zweiten Stuhl, »ich bin spät dran mit dem Frühstück, möchten Sie auch einen Kaffee?«

»Danke«, sagte die kraushaarige Frau, »ich habe nicht viel Zeit. Ich bringe Ihnen eine Nachricht von ihrer Enkelin.«

Wieder schloss Amalie kurz die Augen, und wieder sah sie den kleinen Familienchor. Fünf Enkel waren dabei, drei hochgeschossene junge Männer von der ersten Tochter, zwei mit ihren Frauen und zwei Urenkel, ein etwas kleinerer Mann von der zweiten Tochter, und da stand rechts außen noch eine junge Frau, etwa dreißigjährig, mit einer Stupsnase und einem Bubikopf, die ihr zuwinkte.

»Von Cornelia?«, fragte Amalie, als sie die Augen wieder öffnete.

»Ja, von Cornelia«, sagte die Frau.

»Was ist mit ihr?«

»Sie ist in Not.«

Und die Fremde erzählte nun, dass Cornelia auf einer Reise in Rom verhaftet worden sei, weil sie für einen Freund ein Päcklein mitgenommen habe, in dem Drogen versteckt waren, natürlich habe sie das nicht gewusst, Cornelia hätte so etwas nie gemacht, aber jetzt sei sie im Gefängnis und käme nur gegen eine Kaution von 20 000 Euro frei, das seien also etwa 22 000 Franken, und Cornelia habe ihr ihre, Amalies Adresse, gegeben mit der Bitte, ob sie ihr vielleicht aus dieser Lage heraushelfen könne.

»Aber ihre Mutter?«

Die dürfe auf keinen Fall was erfahren, Cornelia schäme sich furchtbar, dass sie in so etwas hineingeraten sei, und sie bitte sie, niemandem von der Familie etwas davon zu sagen, sie werde ihr bestimmt auch alles zurückzahlen.

Amalie nahm einen Schluck Kaffee und wischte sich die Lippen mit dem Handrücken ab.

Ja, die Cornelia, sagte sie, das passe zu ihr.

Sie hatte das Mädchen immer gemocht, schon weil sie ihre einzige Enkelin war, aber auch das Wilde an ihr hatte ihr gefallen. Cornelia war bereits als Schülerin gerne gereist, war einmal per Anhalter mit einer Freundin nach Spanien gefahren, während ihre Eltern in allen Ängsten waren. Amalie hatte sie damals beruhigt, sie werde schon wieder zurückkommen. Später dann hatte sie eine Kunstschule im Ausland besucht, wollte Filme machen und schlug sich mit Gelegenheitsarbeiten durch, der Kontakt mit ihr war in letzter Zeit etwas verloren gegangen, ab und zu war ein Kartengruß von ihr gekommen, von irgendeiner fernen Insel, und jetzt also das.

Amalie nahm einige Postkarten vom Kühlschrank ab,

wo sie mit Magneten befestigt waren, und schaute sie einzeln an. »Das ist von ihr, glaub ich«, sagte sie und hielt der Fremden eine Karte hin, auf der das Meer gegen Küstenfelsen brandete, »da war sie am Meer.«

Die Fremde schaute sich die Karte an. »In Irland«, sagte sie dann, »sie war oft in Irland, davon hat sie mir erzählt. Und wie machen wir jetzt das mit dem Geld?«

Amalie schloss nochmals die Augen, und ihre ganze Familie rief ihr zu: »Nichts geben!« Sogar die beiden kleinen Urenkel schüttelten ihre Köpfe. Einzig Cornelia ganz außen machte ihren Mund nicht auf und winkte ihr bloß zu.

Amalie seufzte. »Warten Sie«, sagte sie und ging in das Zimmer ihres verstorbenen Mannes. Sie machte die unterste Schublade des Schreibtisches auf und zog die Schachtel hervor, auf der groß »Fotos« stand. Zuoberst lag das Familienfoto, das sie schon gesehen hatte, als sie die Augen schloss. Auf einmal schien ihr, Cornelia blicke traurig drein. Unter dem Foto war ein Umschlag, der mit »Hochzeitsreise« angeschrieben war, und dort drin bewahrte sie ihr Geld auf. Ihr Mann hatte das so eingerichtet, »gegen die Einbrecher«, hatte er gesagt. Sie öffnete das Couvert und zählte 10 Hunderternoten. Sie steckte den Umschlag in die Handtasche, die auf dem Schreibtisch stand, und machte die Schachtel und Schublade wieder zu.

Als sie sich umdrehte, stand die fremde Frau im Türrahmen.

»Es reicht nicht«, sagt Amalie, »ich muss es auf der Bank holen.«

»Ich kann Sie begleiten«, sagte die Fremde.

Eine Stunde später gingen die zwei Frauen über die

Aarebrücke. Amalie hatte sich sonntäglich angezogen, wie immer, wenn sie zur Bank ging, ein blaues Deux-Pièces, darüber ihren feinen Regenmantel und den Hut mit der Brosche und der silbernen Feder, dazu ihre große Handtasche. Die Botin von Cornelia hatte sie zwar zur Eile ermahnt, aber Amalie hatte sich nicht beirren lassen. Sie bekomme ihr Geld nur, wenn sie anständig aussehe, sagte sie.

Die Bank lag gleich am Aarequai, und die kraushaarige Frau sagte zu Amalie, sie warte hier auf der Sitzbank auf sie, bis sie mit dem Geld zurückkomme, und Cornelia werde ihr bestimmt unglaublich dankbar sein.

Als Amalie über den Fußgängerstreifen gegangen war und sich nochmals umdrehte, sah sie, dass sich eine zweite Frau zu der Fremden gesetzt hatte und sich mit ihr zu unterhalten begann.

Es war nicht leicht, dem Mann am Schalter begreiflich zu machen, dass sie 20 000 Euro brauchte, und zwar in bar. Ob er sie fragen dürfe, wofür sie das Geld brauche? Sie überlegte einen Moment, erinnerte sich daran, dass sie niemandem etwas sagen solle, und fand dann ein Wort, das ihr angemessen erschien.

»Privat«, sagte sie.

Er müsse zuerst schauen, ob sie überhaupt so viel Euro dahätten, sagte der Mann, ging nach hinten und kam erst nach einer Weile wieder. Doch, sagte er dann, es gehe, aber falls sie damit ins Ausland fahren wolle, könne er ihr auch einen Teil davon in Reisechecks mitgeben, das wäre sicherer als Bargeld.

Als sie nichts davon wissen wollte, legte er ihr eine Quittung über 21 625 Franken zur Unterschrift vor. Soviel kos-

teten die 20 000 Euro, die hier in diesem Umschlag bereit-
lägen. Dann zählte er die Scheine ab, vor allem grüne und
braune, Scheine jedenfalls, die sie noch nie gesehen hatte,
steckte sie dann in den Umschlag und schob ihn ihr zu.

Lächelnd steckte sie den Umschlag in ihre große Handtasche und sagte, sie habe gar nicht gewusst, dass sie so viel
Geld habe.

Sie solle vorsichtig sein, sagte der Schaltermann, und ob
vielleicht jemand von ihnen sie nach Hause begleiten könne.

Oh nein, das sei nicht nötig, sagte sie, sie habe schon
jemanden.

Aber als sie zur Sitzbank kam, war diese leer.

Amalie schaute sich um, ohne dass sie irgendwo eine rote
Bluse sah.

Sie setzte sich und wartete. Es gefiel ihr nicht, dass die
Frau, mit der sie doch abgemacht hatte, einfach verschwunden war. Cornelia brauchte ja das Geld.

Was sie nicht wusste, war, dass der Mann am Schalter
die Polizei angerufen hatte. Die hatte sofort eine Streife geschickt, welche die beiden Frauen, die als Betrügerinnen
ausgeschrieben waren, festnahm.

Sie wartete und wartete und nickte etwas ein.

Als sie erwachte, standen ein Mann und eine Frau vor
ihr. Sie seien, sagten sie, von der Polizei, zeigten ihr ein
Foto von der kraushaarigen Frau und fragten sie, ob sie
diese Person kenne.

Amalie nickte. »Ja«, sagte sie, »seit heute.«

Ob sie sie um Geld angegangen habe, fragten die beiden
weiter, und Amalie nickte wieder: »Für meine Enkelin.«

Nun blickten sich beide an und nickten. Da habe sie

Glück gehabt, sagte der Mann, die Person sei eine Betrügerin. Ob sie mit ihnen auf die Wache komme zu einer Aussage und einer Konfrontation, fragte er weiter.

Amalie war verwirrt. Sie? Zur Polizei? Sie schüttelte den Kopf.

Oder lieber morgen Vormittag? fragte die Polizistin, das genüge auch noch. Sie sei doch Frau Amalie Ott von der Rosengasse?

Ja, sagte Amalie, etwas erstaunt darüber, dass man sie kannte, ja, das wäre ihr lieber, sie habe heute noch zu tun.

Der Polizist sagte, er erwarte sie in dem Fall morgen um 9 h auf dem Posten der Kantonspolizei, gab ihr sein Kärtchen und fragte dann, ob sie sie in die Bank begleiten sollten, um das abgehobene Geld zurückzubringen.

Amalie schloss kurz die Augen und sah sogleich den ganzen Familienchor, der ihr ein einziges »Jaaa!« zuschrie. Aber wieso stimmte Cornelia nicht mit ein, sondern stand einfach stumm am Rand?

»Nein, danke«, sagte Amalie und erhob sich von der Bank, »ich komme schon zurecht.«

»Passen Sie gut auf«, sagte die Polizistin, und: »Das Geld ist am sichersten auf der Bank«, fügte der Polizist hinzu.

Amalie nickte, sagte auf Wiedersehen und ging langsam neben dem bronzenen nackten Mann, der ein bronzenes Pferd besteigen wollte, über die Aarebrücke zum Bahnhof. In der Mitte der Brücke blieb sie stehen, hielt sich mit einer Hand am Geländer fest und blickte ins Wasser hinunter. Es war ihr, als trieben alle Gedanken flussabwärts. Wer war sie und wieso stand sie da? Wieso war sie so gut angezogen? War etwa Sonntag?

Sie schloss einen Moment die Augen, aber der Familienchor war verschwunden, und einzig ihre Enkelin Cornelia stand noch da und blickte sie an, ohne etwas zu sagen.

Als sie die Augen öffnete, wusste sie wieder Bescheid. Cornelia war in Rom im Gefängnis und brauchte Hilfe, und niemand von der Familie durfte etwas davon wissen. Niemand, außer ihr. Ihre Stunde war gekommen, die Stunde der Großmutter.

Am nächsten Morgen um 9 Uhr saß sie im Schnellzug nach Mailand und fuhr gerade in Airolo zum Gotthardtunnel heraus. Am Vierwaldstättersee hatte es noch geregnet, jetzt schien die Sonne.

»Oh«, sagte sie zum Herrn gegenüber, »hier scheint ja die Sonne!«

Der senkte die Basler Zeitung, hob kurz den Kopf und sagte dann: »Wir sind ja auch im Tessin.«

Die Frau im Reisebüro der SBB war gestern sehr nett gewesen, hatte ihr genau erklärt, wie sie in Mailand umsteigen müsse und dass sie dann eine Platzkarte im Wagen 24 für den Zug nach Rom habe, wo sie um 13.55 Uhr ankommen werde. Zuvor hatte sie ihre Kundin kurz gemustert und einladend gefragt, ob sie 1. Klasse fahren wolle, und Amalie hatte, ohne die Augen zu schließen, genickt. Auch dem 3-Tage-Arrangement in einem 4-Stern-Hotel, einem Sonderangebot der Bahn, hatte sie sofort zugestimmt, hatte die 685 Franken aus ihrem Couvert »Hochzeitsreise« bezahlt und die restlichen 315 Franken umgewechselt, in Lire, hatte sie verlangt und sich dann belehren lassen, dass man in Italien schon lange mit Euro bezahle.

Als sie der Herr gegenüber bei der Fahrt am Luganersee

entlang fragte, was sie denn nach Rom führe, musste sie zuerst einen Moment nachdenken, bevor sie sagte: »Meine Hochzeitsreise.«

Ob da nicht der Mann fehle, fragte der Herr, worauf Amalie entgegnete: »*Sie* sind ja da.«

Der Herr lachte und sagte: »Aber nur bis Mailand.«

Dort half er ihr jedoch beim Umsteigen, trug ihr sogar das Köfferchen und brachte sie in den Wagen 24, wo sie den Sitz Nr. 35 hatte, einen Fensterplatz, wie sie erfreut feststellte.

Neben ihr saß niemand, und kurz vor der Abfahrt setzte sich eine korpulente Frau mit mehreren Halsketten auf den Platz visà-vis und stellte ein Hundekörbchen auf den Sitz daneben, aus dem ein kleiner Spitz seine Schnauze streckte.

Amalie lächelte zuerst den Hund an, dann die Dame, und die Dame lächelte zurück.

»Ein herziges Hündli«, sagte Amalie, und die Dame nickte.

Als der Zug Mailand hinter sich gelassen hatte, fuhr er in einem Tempo, das ihr kaum Zeit ließ, etwas von der Landschaft zu sehen. Gutshöfe und Pappelalleen flogen vorbei, Kirchtürme und Dörfer tauchten auf und verschwanden wieder, ein großer Fluss wurde überquert, in einer Ebene, die kein Ende nahm, so dass es Amalie nach einer Weile aufgab, aus dem Fenster zu schauen.

Sie öffnete ihre große Handtasche und zog einen Thermoskrug hervor, schenkte sich einen Tee ein, der immer noch dampfte, und wickelte ein Schinkensandwich aus, das sie sich am frühen Morgen gemacht hatte.

Der Spitz blickte begierig zu ihr herüber.

»Darf ich?«, fragte Amalie und zupfte ein Stücklein Schinken ab.

Die Dame nickte, ihre Halsketten blitzten, und der Spitz schleckte Amalie den Schinken von der Hand.

Wieder kam ein Moment, in dem sie sich erschreckt fragte, wo sie eigentlich war und warum sie in diesem rasenden Zug saß und ein Hündchen fütterte. Dann sah sie in ihrer Handtasche das durchsichtige Mäppchen des Reisebüros, auf dem groß das Wort »Roma« zu lesen war und wusste wieder Bescheid. Was sie allerdings nicht wusste, war, ob sie Italienisch konnte.

Sie machte einen Versuch. Sie zeigte auf den Spitz und fragte die Besitzerin: »Comment il s'appelle?«

Die Antwort kam sofort: »Zorro.«

Bis Bologna wusste Amalie, das Zorro der Tochter ihrer Sitznachbarin gehörte, dass er drei Wochen bei ihr in den Ferien war und dass er jetzt nach Rom zurückgebracht werde.

Bis Florenz wusste die andere Frau, dass Amalie auf ihrer Hochzeitsreise nach Rom war, da sie bei der Heirat nach dem Krieg kein Geld dazu hatten und sie bis zum Tod ihres Mannes nicht mehr dazu gekommen waren, und in Rom schließlich wurde Amalie von der Tochter der Frau mit dem Spitz ins Hotel *Ambasciatore* gefahren.

Schon die Eingangshalle war überwältigend, mit roten Teppichen ausgeschlagen, und mit einem Kronleuchter, der aus einem gewaltigen offenen Treppenhaus herunterhing. Die Dame hinter dem großen Empfangspult war außerordentlich freundlich, als Amalie ihr das Mäppchen vom Reisebüro hinüberschob, und auch mit ihrem Italienisch, das sie sich in ihrem Welschlandjahr als junge Frau angeeignet hatte, kam sie ganz gut durch. »Pour trois jours«, sagte sie, und »Parfait« bekam sie zur Antwort.

Leicht belustigt sah sie zu, wie ein junger Bursche in einer Uniform mit Goldtressen, silbernen Knöpfen und einem kecken Mützchen ihren Koffer ergriff. Sie folgte ihm, und er fuhr mit ihr im Lift in den 5. Stock.

Als sie auf dem ausladenden Doppelbett im Zimmer saß, entglitt ihr die Welt wieder für einen Augenblick, und sie schloss die Augen. Sie sah ihren verstorbenen Mann, jung war er, im Sonntagsanzug trat er zur Kirche heraus, blickte sich suchend um und winkte ihr dann zu.

Sie nickte, öffnete ihre große Handtasche und holte den Umschlag hervor, auf dem »Hochzeitsreise« stand. Es war die exakte und schwungvolle Schrift ihres Mannes, und darin waren die Lire, die jetzt Euro hießen. Und auf dem Prospekt, den sie auf das Nachttischchen legte, stand »Rom – die ewige Stadt«. Da war sie also. Erleichtert legte sie sich auf das Bett und schlief sofort ein.

Beim Aufwachen brauchte sie eine Weile, bis sie sich zurechtgefunden hatte. Die Aussicht aus dem Fenster über die unendlich vielen Dächer und Türme war ihr vollkommen unvertraut, und sie konnte sich so lange nicht erklären, wo sie war, bis sie den Prospekt wieder sah.

»Rom«, sagte sie zu sich, »ich bin in Rom«, und plötzlich wurde sie von einem Gefühl erfüllt, das sie kaum mehr kannte. Es war eine Neugier, eine Unternehmungslust, etwas von ganz früher, wenn es in ein Klassenlager ging oder auf eine Schulreise, als sie noch nicht Amalie Ott war, Mutter zweier Kinder, sondern selbst noch ein Kind, ein

Kind, das sich auf das Leben freute. Aber da mischte sich noch etwas ein, auch von früher, es war die Angst vor dem Unbekannten, wie damals, als sie für ein Jahr ins Welschland ging und nicht wusste, was sie dort erwartete.

Doch die Freude überwog. Das Zimmer, in dem sie sich befand, gehörte zu einem Hotel, der Name des Hotels stand auf einem Notizblock neben dem Telefon. Sie riss sich das oberste Blatt davon ab und schob es in die Handtasche. Der Schlüssel steckte innen an der Zimmertür, die Nummer war auf dem Anhänger, der die Form einer Birne hatte. Sie zog den Zettel des Notizblocks wieder heraus und schrieb die Nummer unter die Hotel-Adresse, 501. Dann verließ sie ihr Zimmer, schloss die Tür ab, ging zu dem großen offenen Treppenhaus, in welchem der Kronleuchter herunterhing, und stieg in die Eingangshalle hinunter.

Von der freundlichen Frau an der Rezeption erfuhr sie, dass Nachtessen und Frühstück im Sonderangebot inbegriffen waren, dass der Speisesaal gleich neben dem Eingang bereits geöffnet sei und dass man ihr, wenn sie das wolle, für morgen gerne eine Stadtrundfahrt reserviere.

Die nächsten zwei Tage vergingen wie im Rausch. Amalie sah Kirchen, Paläste, Tempelsäulen, Brunnen, Pärke, Kreuzgänge, Dome, sie stand im Kolosseum, sie hörte von den Römern, von Garibaldi und dem Papst, sie sah Gottes ausgestreckten Finger an der Decke der Sixtinischen Kapelle, und es war ihr, als streckte er den Finger nach ihr aus, sie fühlte sich in einer andern Welt; beim Essen hatte sie zuerst geglaubt, die Spaghetti seien die Hauptspeise und konnte fast nicht glauben, dass das Kalbsschnitzel mit der reichen Gemüsegarnitur auch noch für sie war, aber sie aß alles mit großem Genuss auf, trank dazu ein Viertelchen Rotwein, nahm zum Tiramisu einen Kaffee, was sie sonst am Abend nie tat, krönte den Tag mit einem Grappa und ging dann beschwingt in den Lift, den sie inzwischen zu bedienen gelernt hatte, und ließ sich im Zimmer 501 wohlig in das mächtige Doppelbett sinken.

Und die Leute waren so freundlich und verwöhnten sie und sprachen Französisch mit ihr, denn dass das nicht Italienisch war, was sie sprach, hatte sie inzwischen gemerkt. Einmal rannte ihr sogar jemand nach und brachte ihr die Handtasche wieder, die sie in einer Kirche liegen gelassen hatte, und die Kellner waren von einer Höflichkeit, die sie nicht kannte, rückten ihr den Stuhl zurecht, wenn sie sich zu Tisch setzte, und zogen ihn leicht zurück, wenn sie wieder aufstand, sie konnte sich gar nicht erklären, womit sie das alles verdient hatte, so ging man doch sonst nur mit reichen Leuten um.

In den Momenten, in denen ihr nicht klar war, wo sie sich eigentlich befand und was genau sie hierhergeführt hatte, umklammerte sie ganz fest ihre Handtasche, die sie immer mit sich trug, und dann wusste sie es wieder: Sie war auf ihrer Hochzeitsreise, sie holte sie nach, auf Geheiß ihres Mannes, der das Geld im Couvert eigens dafür bestimmt hatte. Zwar war ihr manchmal, als sei da noch etwas gewesen, eine Art Auftrag, aber sie kam nicht drauf und gab sich ganz dem Genuss ihrer Reise hin.

Am dritten Abend, dem Abend vor ihrer Abreise, gerade als sie ihr Zimmer verlassen wollte, um in den Speisesaal zu gehen, klingelte das Telefon.

Amalie erschrak. Wusste denn jemand, dass sie hier war?

Sie zögerte etwas, doch dann drehte sie sich um, ging zum Nachttischchen, hob den Hörer ab und sagte »Hallo?«

Es war ihre Enkelin Cornelia.

Eine Stunde später betrat diese das Entrée des Hotels *Ambasciatore*, wo ihre Großmutter auf sie wartete. Amalie stand auf, und sie umarmten sich.

»Du bist schwanger, Mädchen?«, fragte sie, »das wusste ich gar nicht.«

Sie wusste vieles nicht, und sie erfuhr erst, als sie zusammen im Speisesaal des Hotels saßen, dass man sie zu Hause gesucht hatte und dass die Polizei herausgefunden hatte, dass sie nach Rom gefahren war, worauf ihre Tochter Cornelia angerufen hatte, da diese seit einem halben Jahr in Rom wohnte. Sie unterrichtete an einer deutschen Schule, um sich ihren Lebensunterhalt zu verdienen, während sie an einem Film arbeitete, der nicht vom Fleck kam. Ihr Mann war Italiener, sie kannte ihn von der Filmhochschule in München, und er war gerade auf einer sizilianischen Insel, um etwas über Flüchtlinge aufzunehmen. Zusammen bewohnten sie hier eine Einzimmerwohnung, was nicht so schlimm sei, weil er sowieso die meiste Zeit nicht da sei, und …

Amalie legte ihre Hand auf die Hand ihrer Enkelin. Es war ihr gerade in den Sinn gekommen, weshalb sie nach Rom gefahren war.

»Und die Sache mit den Drogen?«, fragte sie.

Cornelia zog ihre Hand zurück. »Hat es dir Mama erzählt? Da kannst du beruhigt sein, da bin ich längst wieder raus.«

Amalie schaute sich zu den Nachbartischen um und flüsterte dann: »Warst du lange im Gefängnis?«

Cornelia war baff. »Wie kommst du denn darauf? Ich war überhaupt nie im Gefängnis.«

Und während sie den gemischten Salat aßen, erzählte ihr ihre Großmutter vom Besuch der kraushaarigen Frau und den Folgen.

Am nächsten Nachmittag gingen die beiden Frauen durch den monumentalen Bahnhof von Mailand. Cornelia hatte Amalie bis dorthin begleitet und brachte sie zum Zug nach Basel, in dem sie ohne Umsteigen bis Olten fahren konnte. Am reservierten Platz hob sie das Köfferchen auf die Gepäckablage hinauf und setzte sich einen Moment ihr gegenüber. »Also«, sagte sie, »ich muss wieder zurück nach Rom. Und denk daran: erst in Olten aussteigen, gell?«

Amalie nickte. »Aber sicher, Mädchen, was glaubst du denn?«

Sie schloss ein Moment die Augen. Dann griff sie in ihre Handtasche, nahm den dicken Umschlag der Bank heraus, der die ganze Zeit zuunterst gelegen hatte, und drückte ihn ihrer Enkelin in die Hand.

»Bevor ich's vergesse, das ist für dich. Für dich und das Kind. Du kannst es bestimmt brauchen.«

Cornelia zögerte.

Amalie lachte. »Auch wenn du nicht im Gefängnis warst.«

Cornelia zögerte immer noch, da sagte Amalie: »Nimm es ruhig. Mich gibt's nicht mehr lang. Aber dich.«

Cornelia umarmte sie, dann gingen sie zusammen zur Waggontür.

»Und schick mir eine Anzeige, wenn das Kind da ist!«

Später, als sie am Fuß des San Salvatore am Luganersee

entlangfuhr und die Frau gegenüber sie fragte, wo in Italien sie gewesen sei, sagte Amalie: »In Rom. Auf der Hochzeitsreise.«

Wo ich geboren wurde

I.

Mein Großvater konnte über hundert Vögel
an ihren Stimmen erkennen, nicht gerechnet
die Dialekte, die in den Hecken gesprochen wurden,
dunklen Schulen hinter dem Hof,
wo die Braunkehlchen Aufsicht hatten.
Mein Großvater war Spezialist für Kartoffeln.
Mit den Händen grub er sie aus, zerbrach sie
mit den Daumen, die weiß wurden,
und ließ mich an der Bruchstelle lecken.
Mehlig, gut für Schweine und Menschen.
Auch nach der Enteignung wollte er unbedingt
an Gott glauben, weshalb ich die Kartoffeln
ausbuddeln mußte aus seinem ehemaligen Acker.
Wie auf holländischen Bildern zogen
schwere Wolken über den sächsischen Himmel,
sie kamen aus Rußland und Polen
und fuhren nach Westen, ihre Fracht wurde leichter,
durchsichtiger und feiner, bis sie in Frankreich
als Seide verkauft wurde. Im Westen, sagte er,
finden Verwandlungen statt, wir werden verwandelt.
Im Dorf fehlten einige seiner Freunde,
die mußten in Rußland die Wolken beladen.

2

Meine Großmutter benutzte die Brennschere,
um ihre dünnen Haare zu wellen. Man muß
dem Herrgott ordentlich frisiert gegenübertreten.
Der kam meistens nachts, wenn ich schon
schlafen sollte, setzte sich auf den Bettrand
und unterhielt sich mit ihr auf sächsisch.
Beide flüsterten, als hätten sie ein Geheimnis.
Manchmal waren sie freundlich zueinander,
dann wieder zankte sie mit ihm wie
mit dem Großvater, wenn der sein Glasauge
neben den Teller legte. Wenn man es falsch herum
einsetzt, kann man nach innen sehen,
in den Kopf hinein, wo die Gedanken leben,
sagte er und stopfte seine Pfeife mit Eigenbau,
der neben dem Tisch an der Wand hing, labbrige Blätter,
von einem Faden durchzogen. Die Ärmel der Joppe
des Großvaters waren von Brandlöchern genarbt.
Wie deine Lunge, sagte die Großmutter, beides
aus braunem Stoff. So vergingen die Tage.
Abends gab es Kartoffeln mit Sauce oder ohne.
Wenn auf dem Hof geschlachtet wurde, fand ich
Wellfleisch auf meinem Teller, aber ich durfte nicht
fragen, wie es zu uns gefunden hatte.
Wellfleisch kann fliegen, damit war alles gesagt.
Ich stellte mir Gott als einen Menschen vor,
der alles mit sich machen ließ.

3.

Mein Großvater las nicht mehr. Alle Bücher stehen
in meinem Kopf, sagte er, aber ganz durcheinander.
Dafür erzählte er gerne, am liebsten vom König,
der sich angeblich für ihn interessiert hatte.
Auf der Jagd sollte er ihm einen Hasen
vor die Flinte treiben, aber der Großvater hatte
das Tier unter seinem Mantel versteckt.
Ich kann noch heute das Hasenherz schlagen hören,
rief er und faßte sich an die Stelle, wo seine Uhr
hing. Hasen haben ein schlechtes Herz,
damit kann man keinen Staat machen. Vom Staat
war nicht viel zu erwarten. Wenn die Großmutter
nicht im Zimmer war, hörten wir Radio, messerscharfe
Stimmen, die den Rauch seiner Pfeife zittern ließen.
Saubande, sagte mein Großvater, der sonst nie
fluchte. In der Nähe von Beromünster war die Musik
zu Hause, da fahren wir eines Tages hin, sagte er,
und hören Bach und Tschaikowsky. Dann schlief er ein.
Das Lid über seinem Glasauge war nie ganz geschlossen.

4.

Als ich mein Dorf kürzlich besuchte,
fiel mir alles wieder ein, nur ungeordnet:
der Kunsthonig und der schwarze Sirup, der sämig
durch die Löcher im Brot tropfte, die fauchenden Feuer
über Meuselwitz, die kyrillischen Gewehre im Steinbruch
von Keyna, der Kohlenstaub, Warmbier, der ängstliche Gott,

der schnatternde Alarmruf des Wiedehopfs,
die puckernden Flüsse auf dem Handrücken des Großvaters,
der blaue Teppich unter den Pflaumenbäumen,
die Eselsohren in der Bibel, die fromme Armut,
das Glück. Auch die Toten redeten mit, von fern her
angereist in altmodischen Kleidern, die Frauen
mit Haarnetzen, die Männer in gewendeter Uniform,
mit Schußlöchern auf der eingefallenen Brust.
Und in der Mitte mein Großvater, ein Auge auf die Welt
und eines nach innen gerichtet, vor sich ein Teller
Kartoffeln, mehlig und buttergelb, gut für Schweine
und Menschen und mich.

5.

Das alles bin ich, der Mann mit dem Hasenherz.
Nicht mehr, eher weniger.

Nachweis

Hans Fallada (1893 als Rudolf Wilhelm Friedrich Ditzen, Greifs-
   wald – 1947, Berlin)
   Großmutter. Aus: *Damals bei uns daheim. Erlebtes, Erfahrenes
   und Erfundenes.* Erschienen im Rowohlt Verlag, Stuttgart, 1941.
Elena Fischer (* 1987, Speyer)
   »Ich koche für uns« (Titel von der Herausgeberin). Auszug aus:
   dies., *Paradise Garden.* Copyright © 2023, Diogenes Verlag
   AG Zürich.
Peter Härtling (1933, Chemnitz – 2017, Rüsselsheim am Main)
   Lieber Alter John (Titel von der Herausgeberin). Aus: ders.
   Alter John. Copyright © 2007 Beltz & Gelberg in der Verlags-
   gruppe Beltz Weinheim Basel.
Moritz Heger (* 1971, Stuttgart)
   Mit Panoramablick. Originalbeitrag für diese Anthologie. Ab-
   druck mit freundlicher Genehmigung des Autors. Copyright
   © 2023 by Moritz Heger.
Stefan Hertmans (* 1951, Gent)
   Kopfstand (Titel von der Herausgeberin). Auszug aus: ders.,
   Krieg und Terpentin. Erschienen 2018 als Diogenes Taschen-
   buch, mit freundlicher Genehmigung von Hanser Berlin. Die
   deutsche Erstausgabe erschien 2014 bei Hanser Berlin unter
   dem Titel *Der Himmel meines Großvaters.* Copyright © 2014
   Hanser Berlin in der Carl Hanser Verlag GmbH & Co. KG,
   München. Aus dem Niederländischen von Ira Wilhelm.
Franz Hohler (* 1943, Biel)
   Der Enkeltrick. Aus: ders., *Der Enkeltrick.* Copyright © 2021,
   Franz Hohler. Erschienen im Luchterhand Verlag München,
   2021.
Michael Krüger (* 1943, Wittgendorf)
   Wo ich geboren wurde. Aus: ders., *Kurz vor dem Gewitter.* Ge-
   dichte. Copyright © Suhrkamp Verlag Frankfurt am Main 2003.
   Alle Rechte bei und vorbehalten durch Suhrkamp Verlag Berlin.

Mamma mia

Geschichten über
die allerbeste Frau der Welt

Diogenes

Erzählungen
Ausgewählt von Anna von Planta und Ursula Baumhauer
240 Seiten

Mütter: Man liebt sie, man braucht sie, man könnte sie auf den Mond schießen. Sie geben ihr Bestes, und es reicht doch nie. Manchmal möchte man ihnen einfach nur danken. Mit einem Blumenstrauß oder mit guten Geschichten über sie. Von Chimamanda Ngozi Adichie, Donna Leon, Alice Munro, Ian McEwan, Bernhard Schlink, Doris Dörrie, Leon de Winter, Elke Heidenreich und vielen mehr. Mit einer exklusiven Geschichte von Joey Goebel.

Lesen
und genesen
Geschichten, die Mut machen

Diogenes

Ausgewählt von Ursula Baumhauer
272 Seiten

»Ein Gesunder ist kein Umgang für einen Kran-
ken« (Robert Gernhardt). Gute Geschichten dagegen helfen immer. Dieser Band versammelt ein
breites Spektrum: Geschichten, die heilsam,
tröstlich, unterstützend sind. Texte, die nachdenklich stimmen. Und solche, die unterhalten
und die Langeweile vertreiben. Geschichten für
Körper und Geist, von Cees Noteboom, Dorris
Dörrie, Robert Gernhardt, Bernhard Schlink, W.
Somerset Maugham, Jeffrey Eugenides, Richard
David Precht, Khalil Gibran, F. Scott Fitzgerald
und vielen mehr.